AARON BLABEY

ANIMALOTES

EPISODIOS

19 Y 20

ANAYA

Títulos originales: *The Serpent and The Beast. Episode 19 / One Last Thing. Episode 20*
Publicados por primera vez por Scholastic Australia en 2024

1.ª edición: julio de 2025

Valentín Beato, 21. 28037 Madrid
www.anayainfantilyjuvenil.com

Director editorial: Pablo Cruz
Editora: Patricia Emo Marty
Asistente editorial: Mercedes González Grande

PAPEL DE FIBRA
CERTIFICADA

ISBN: 978-84-143-4282-4
Depósito legal: M-7326-2025
Impreso en España - *Printed in Spain*

ANI-
MALOTES
EPISODIO 19
LA SERPIENTE
Y LA BESTIA

¿Te consideras
un tipo con suerte?

BANC
Siempre, compi.

Siempre.
¡VEINTIÚN BANCOS de una tacada, chaval!
Uno al día durante veintiún días.
CON ESTO BATIREMOS NUESTRO RÉCORD.
Con este atraco nos haremos FAMOSOS.

¿Estás de coña?
¡Ya somos famosos!
SE BUSCA
PELIGROSO
SR. LOBO
RECOMPENSA
1.000.000 $
SR. SERPIENTE
Bah, eso no es nada.

Me refiero a ser
FAMOSOS DE VERDAD.
A que la gente les cuente nuestra historia a sus nietos. Me refiero a forjar un
LEGADO.

Un legado, ¿eh?

Sí.

¿Qué me dices?

¿Listo para convertirte en una

LEYENDA,

chaval?

• CAPÍTULO 1 •

LOBO SOLITARIO

¡Mmm! ¡Mmm!

Este es nuestro momento,
Lobi.

SSSSSSSSSSSSÍ... ES
VUESTRO MOMENTO.
Y EL
NUESTRO.
Y EL
MÍO.

YA ES LA HORA:
¡ÚNETE A MÍÍÍÍÍÍÍ!

Paso.

Nunca me uniré a ti.

Lobo...
¡SILENCIO! LA ELEGIDA TE HA ABANDONADO, LOBITO...

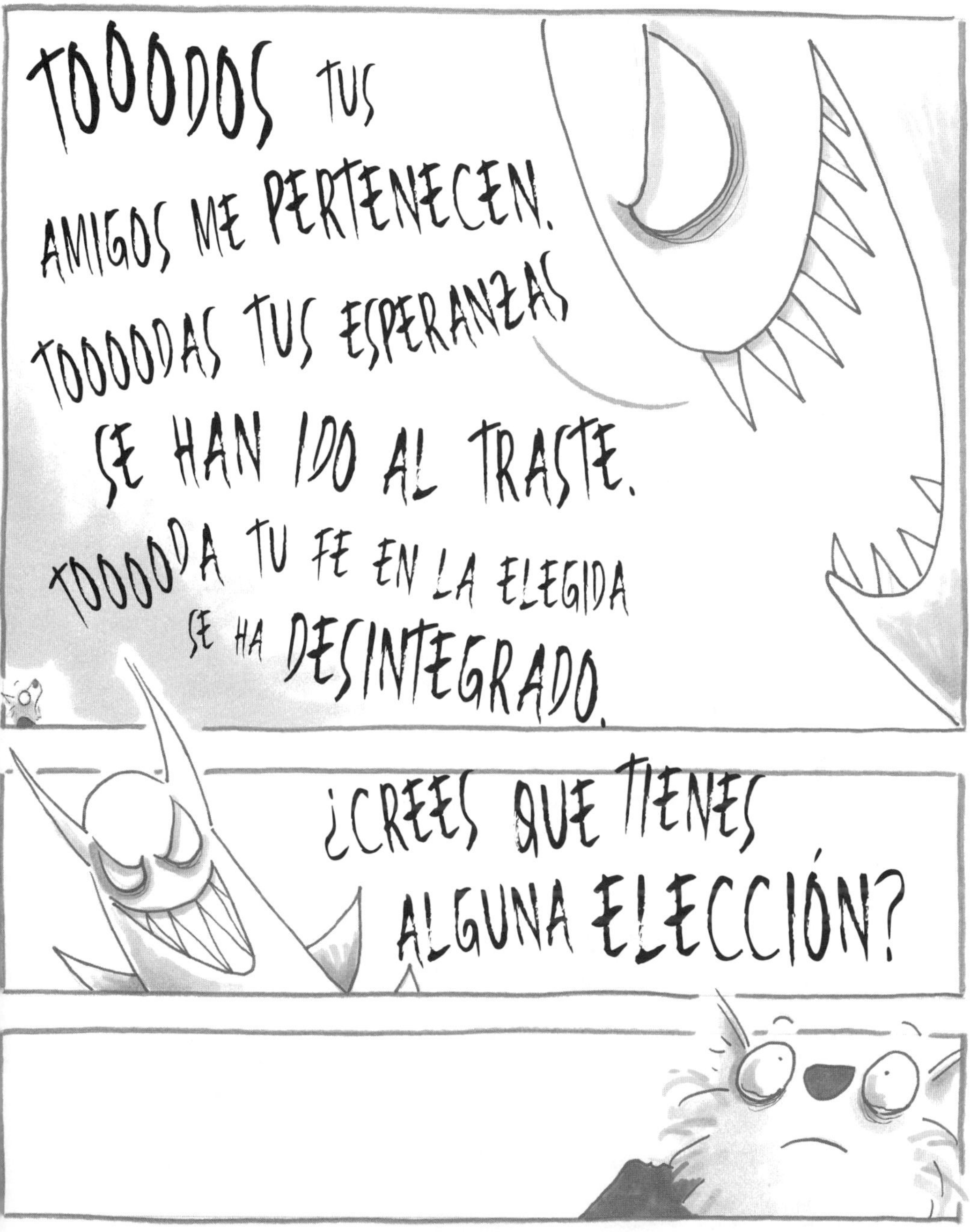
TOOODOS TUS AMIGOS ME PERTENECEN.
TOOOODAS TUS ESPERANZAS SE HAN IDO AL TRASTE.
TOOOODA TU FE EN LA ELEGIDA SE HA DESINTEGRADO.
¿CREES QUE TIENES ALGUNA ELECCIÓN?

¿Sabes? Tiene gracia que digas eso.
Me refiero a que menciones
las *elecciones*...

Porque justo estaba pensando en una cosa:
DURANTE LA MAYOR PARTE DE MI VIDA
he tomado malas decisiones.
Era un **EXPERTO**
en elegir las peores opciones.
Se me daba **DE LUJO** hacerlo.
Siempre podía tener
LA CERTEZA
de que tomaría la peor decisión posible.
¿Y sabes por qué?

Porque tomar
malas decisiones es
FÁCIL.
Pero ¿sabes qué más?
A veces la vida NO es fácil.
Y a veces tienes que tomar la
DECISIÓN CORRECTA,
aunque resulte DIFÍCIL.
Y eso es lo que pienso hacer ahora,
tanto si te gusta como si no.
Mírame bien, amigo.
Me dispongo a tomar la decisión
correcta…

¿Qué vas a hacer al respecto?

JA,
JA,
JA,
JA,
JA,
JA,
JA,
JA,
JA,
JA, JA,
JA, JA, JA,
JA,
JA.
¿QUÉ VOY A HACER?

VOY A VERTE SUFRIR.

¡ZAP!
¡ZAP!
¡ZAP!
¡ZAP!
¡ZAP!
¡ZAP!
?
Hola, Lobo…

¡ZAP!
¡ZAP!
¡ZAP!
¡ZAP!
¡ZAP!
¡¿AGORERA?!

FLOR.

• CAPÍTULO 2 •

LOS CAMPEONES

Tranqui, amiguete.
No es buena idea meterse
con nosotros.

¿PIERNECITAS?
Ahora me llaman EL GENERAL, viejo amigo.
Pero para honrar los viejos tiempos, sí..., llámame Piernecitas.
¡Mmmm!
¡Mmmm!
¡Mmmm!
¡Mmmm!

¡BLEURGH!
¡¿PAPÁ?!
¡¿Eres tú?!
¡SSSSSSSSSÍ, PEPEEEEEEE!
¡SOY YOOOOOOOOOOOOOooo!

Te noto DIFERENTE, papá…
Porque lo somos, AMIGO MÍO.
TODOS hemos cambiado.

¡Sus traseros son
ENORMES!
Son manos.

¿Qué…? Uh…
¡¿Dónde os habíais metido?!
Estábamos
EN TODAS PARTES.
Podrías concretar un poco…
No, en serio,
LITERALMENTE,
hemos estado
EN TODAS PARTES.

Cuando reunimos a Los Otros con
LA ELEGIDA,
nuestros actos se vieron recompensados.
La Elegida nos concedió
UN DON MILAGROSO...
Nos convertimos en...
LOS CAMPEONES DEL ESPACIO-TIEMPO®
Los... ¡¿qué?!

Somos los

AMOS DEL ESPACIO.

Somos los

MAESTROS DEL TIEMPO.

No tenemos

LÍMITES.

Hemos viajado sin descanso a través

DEL MULTIVERSO,

EL PASADO

Y EL FUTURO.

Lo hemos visto **TODO.**

PAPÁ ALFA
es el
GUARDIÁN DEL CONOCIMIENTO.

EL GENERAL
ha defendido y liberado a
LOS OPRIMIDOS y **LOS DESAMPARADOS**
a través de diferentes
ÉPOCAS y **GALAXIAS.**

También tiene un surtido muy popular de camisetas y de pósteres para adornar tu cuarto.

LAS MANOS DE LA MAGNIFICENCIA
han establecido un nuevo canon
DE BELLEZA
a través del
MULTIVERSO.

FLOR
ha evolucionado hasta convertirse en un arma de
ENERGÍA POSITIVA PURA.

¡¿FLOR?!
¿Os habéis convertido en unos blandengues?
Menuda decepción…
¡ARGH!
¡ZAP!
Ah, sí. ¡También dispara
RAYOS LÁSER
por los ojos!

Y yo soy

DOLORES PAPARAJOTE,

alias

PELUCHINATOR.

Resuelvo crímenes.

Finalizo guerras.

Pateo traseros.

Y encima soy
una periodista multipremiada.

¡¿Qué te ha pasado en el

OJO?!

Oh, nada.
Solo lo llevo puesto para recordar que no todo el mundo es
LO QUE PARECE...
¿No es cierto,
BUCK?

¡Estoy ORGULLOSO de ser UN ABALORIO!
No eres un abalorio, Buck. Solo formas PARTE de un adorno. Representas en torno a un 30 % de mi collar.
No lo olvides.
Por supuesto. Tienes razón. A eso me refería.
Ya, claro.

Un momento…
¡Desaparecisteis hace apenas
UNA HORA!
¡¿Cómo es posible
que hayáis hecho todo eso?!
Lo que a ti
te pareció una hora,
para nosotros fueron
EONES.
En el caso de
PAPÁ
ALFA,
su viaje comenzó hace
BILLONES DE AÑOS.

Somos seres **ANCESTRALES.**
Y sí, somos **LA CAÑA.**
¡BASTA, ESBIRROS!
ELEGID A UN «CAMPEÓN»...

Y APLASTADLO.

SERÁ UN GRAN PLACER.

¿De veras?

¡VAMOS ALLÁ!

• CAPÍTULO 3 •

LO QUE HAY DEBAJO

Ooooh, UAAAUUU.
Porque eres una abeja, ¿verdad?
¡Qué ingeniosa! Venga ya…
¡Es la hora de la
ENDODONCIA!
Sí, el dentista también
recurre a los tópicos.
¡Puedo
OÍR VUESTRO MIEDO!
¡Marchando
UN TIRÓN
DE OREJAS!

No eres muy dicharachera, ¿eh?
¿Qué hay en la caja?

¡YA BASTA!
¡OS HARE TROCITOS!

¿Estás seguro…,

… cucharita?

¿QUÉ ME HAS LLAMADO?
Cuchara.
Te he llamado...
CUCHARA.
TE VOY A PARTIR EN CACHI...

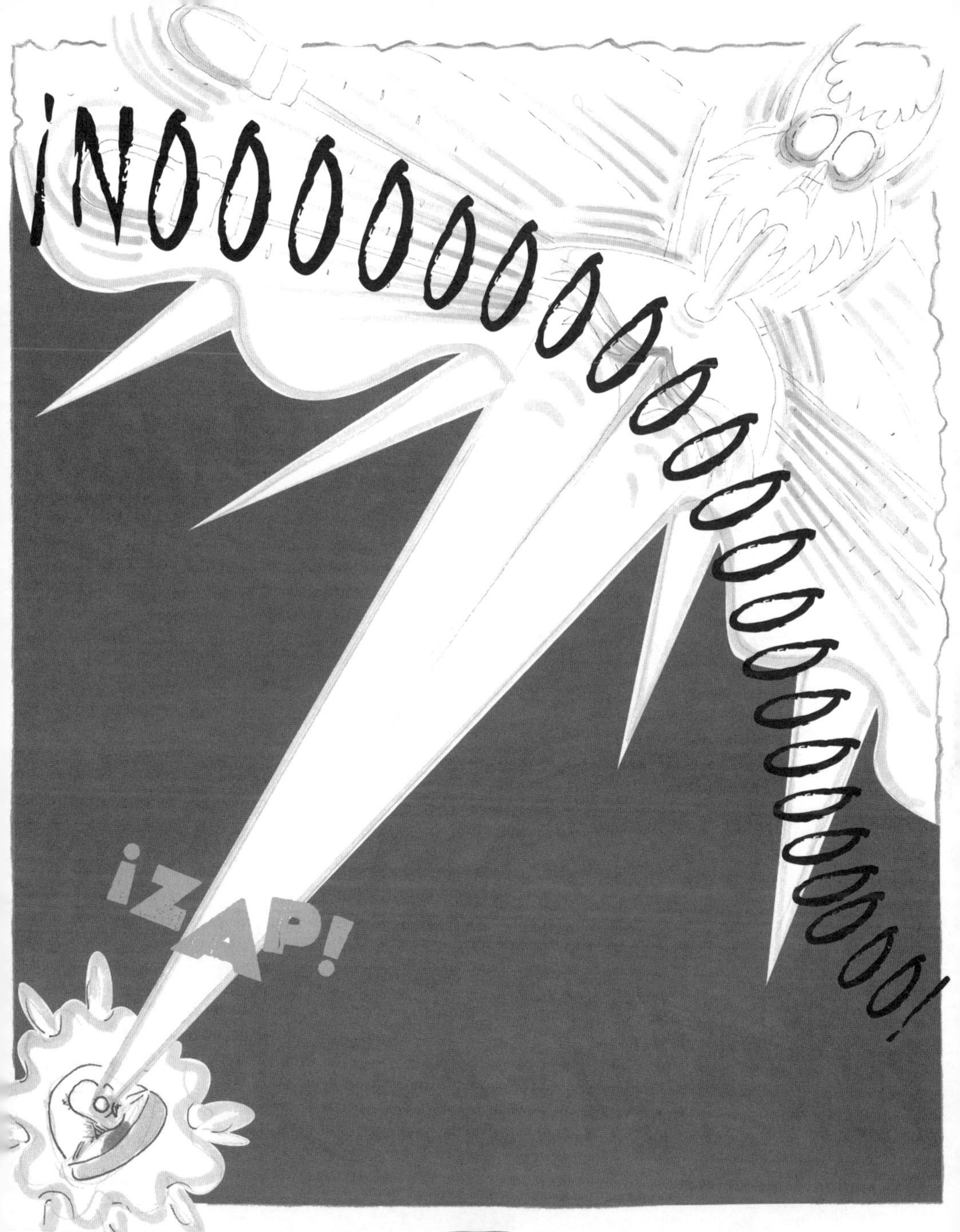
¡NOOOOOOOOOOOOOOOOOOOOOOOOOO!
¡ZAP!

¡POP!
¡Jolín!
!

¡Papá!
¿QUÉ ES ESO?
Amigos..., os presento a
RICHI.
La cuchara.
Perdona..., ¿qué has dicho?

¡RÍNDETE!

Ni lo sueñes.

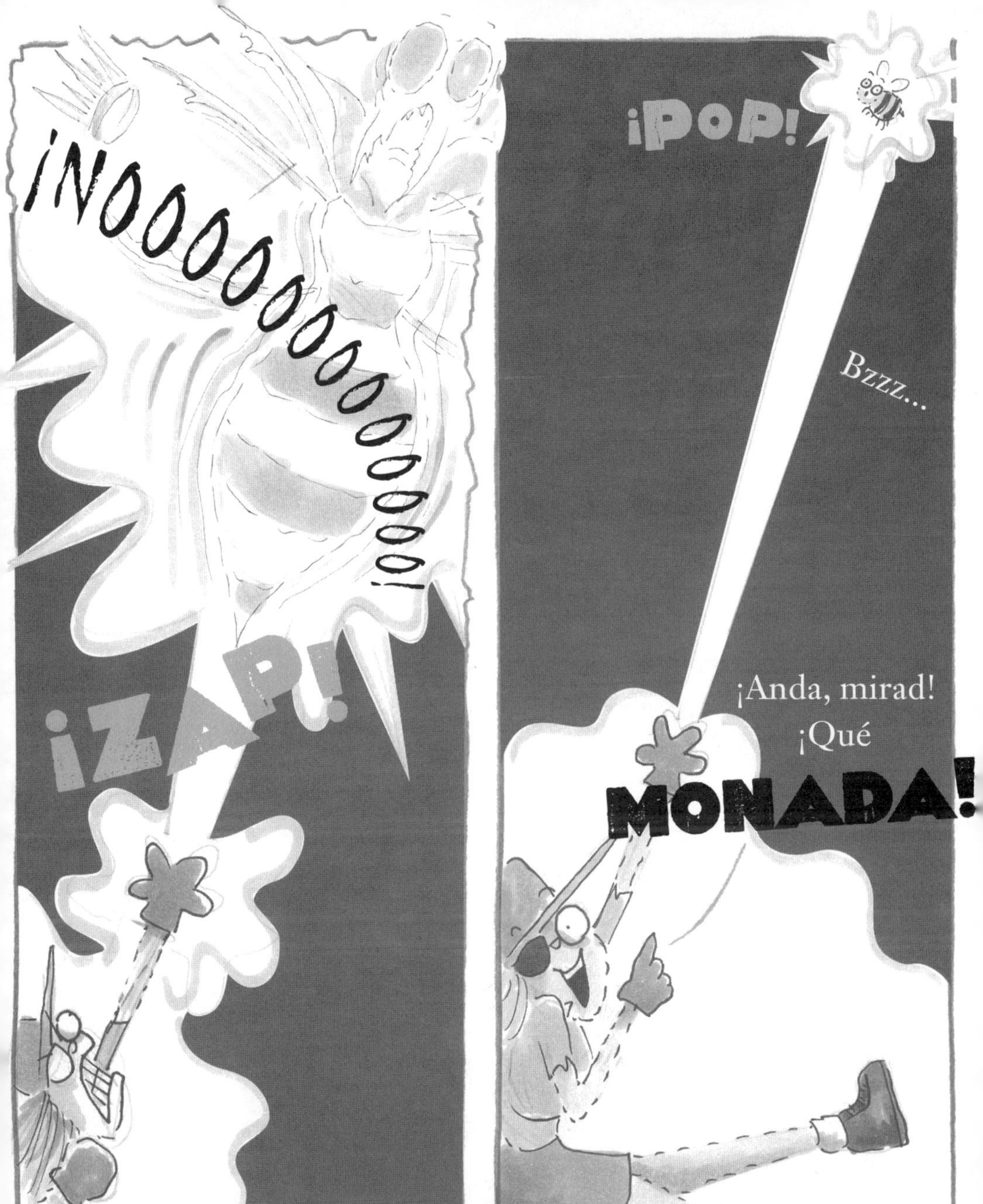
¡NOOOOOOOOOOOOOOOOOO!
¡ZAP!
¡POP!
Bzzz...
¡Anda, mirad! ¡Qué MONADA!

¡SOY TU PEOR PESADILLA!
Para nada.
¡ZAP!
¡NOOOOOOOOOOOOOOOOO!

¡Jopelines!
¿Dónde estoy?
¡POP!

OIGO
CONFUSIÓN...
OIGO...
OH, NO...

Lo que oyes
es tu nueva vida.
¡CAPITÁN
CERUMEN!
¡ZAP!
¡NOOOOOOOOOO!

¡POP!
¡¿Qué puñetas
ES ESO?!

Ya... No, gracias.
¡ZAP!

Oooh...,
bombones...
¡POP!
Qué maja.

¡¿QUÉ DIABLOS ESTÁ PASANDO AQUÍ, PAPÁ?!

Este es su
VERDADERO ASPECTO, Pepe.
Solo son unos pobrecillos que querían más poder e hicieron un trato con
EL CIEMPIÉS
equivocado.

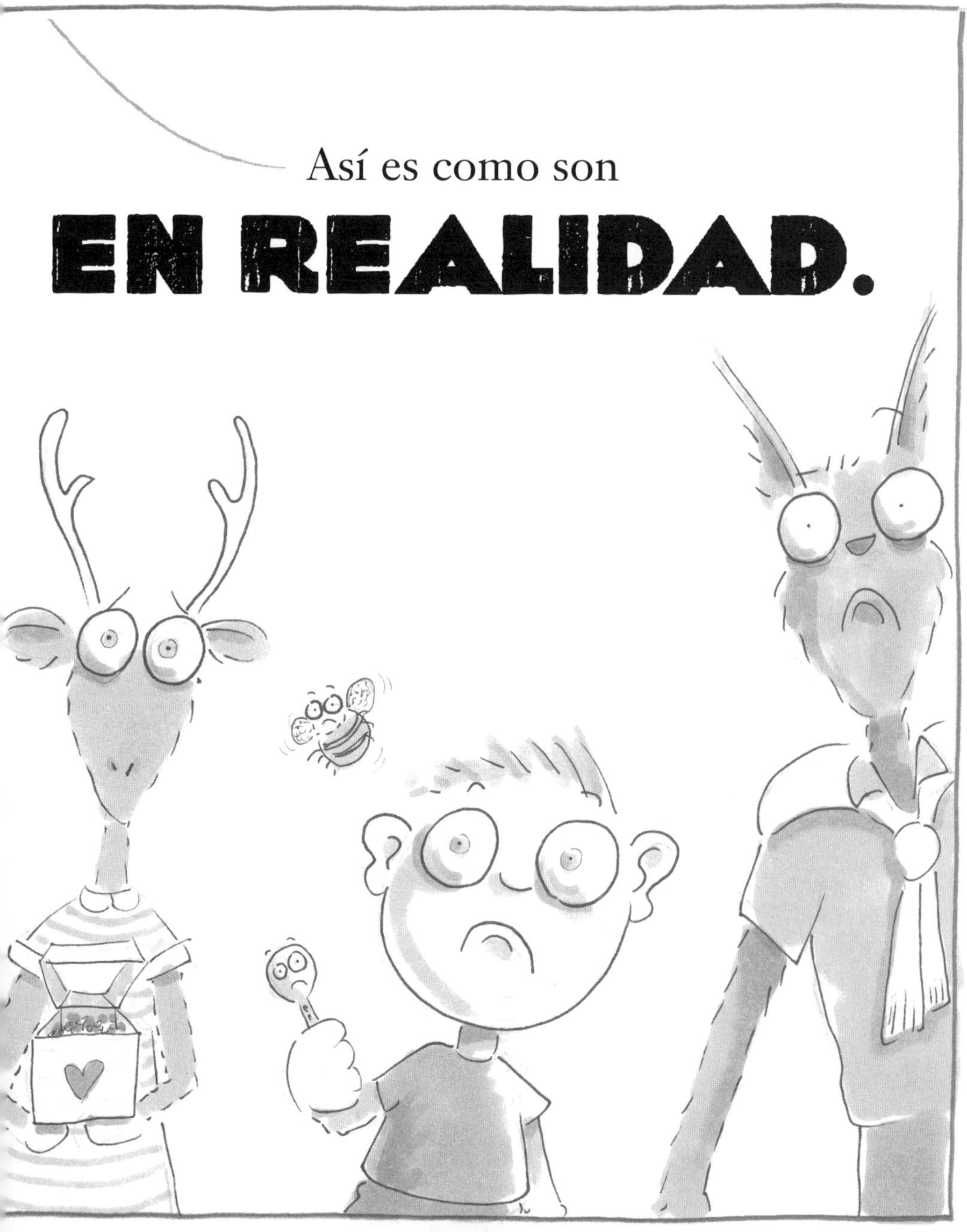
Así es como son
EN REALIDAD.

¡¿EN SERIO?!
¿Ha sido tan fácil derrotarlos?
Más o menos.

Pues menudo chasco.
Y que lo digas.
¡Qué CORTARROLLOS!
Bueno, no se puede tener todo.
Deberíais salir de aquí, amigos.

Lamento mucho cualquier molestia que haya podido causar. Espero que no me pongáis ninguna crítica negativa **EN INTERNET...**

¿Te apetece un bombón?
¡Sí, por favor!

Siento preguntarlo,
pero ¿tú qué eres?

Uau.
Aún me cuesta creer que haya sido TAN FÁCIL.

¡Ya!
Qué flipe, ¿eh?

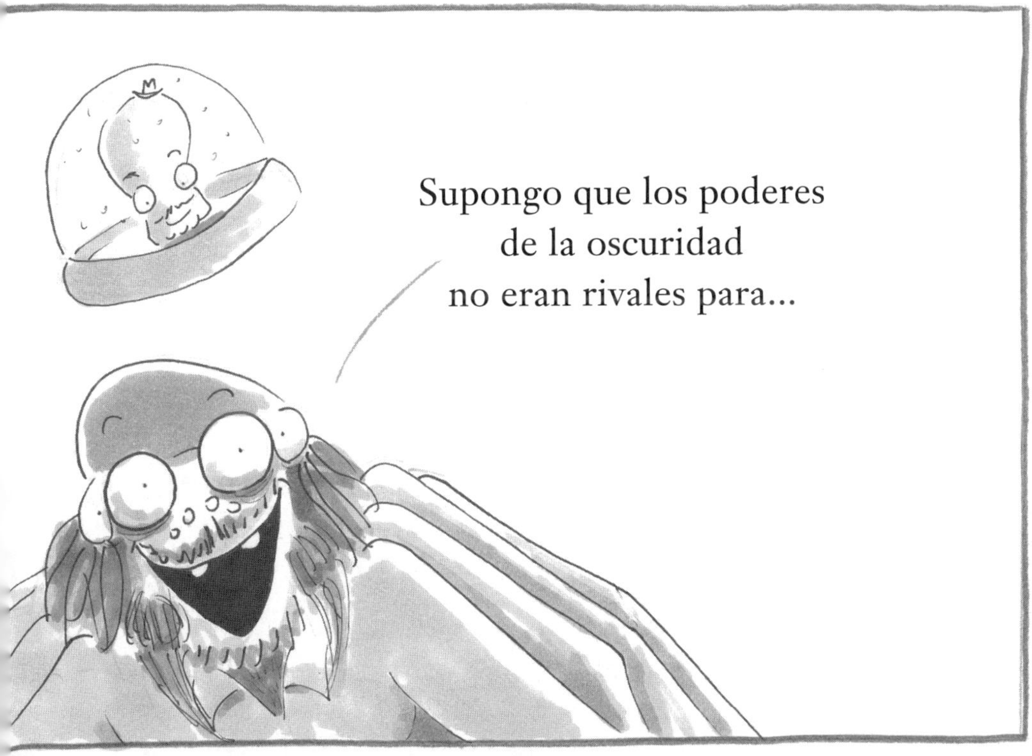
Supongo que los poderes de la oscuridad no eran rivales para...

¡BLU

UUM!

¿En serio?

¿Un dentista?
¿Un abejorro?
¿Una cuchara?
Esos no son
ANIMALOTES
de verdad.

¡NOSOTROS SÍ!

• CAPÍTULO 4 •

ESTO ES EL FIN

¡Ahora tendremos que
DESTRUIROS!

Esto es el fin,
¿VERDAD?
Sí, colega.
Ha llegado el final.
Espero que te sientas
orgulloso.

¿Estás listo para convertirte en una leyenda?
La Serpiente y la Bestia...

¡A POR ELLOS!
¡BLUU
¡ZAP!

¡ZAP!
¡Agh!

¡ZAP!
¡BLUUM!
¡ZAP!

¡ZAP!
¡BLUUM!
¡ZAP!

¡ZAP!
¡ZAP!
¡ZAP!
¡BLUUM!
¡ZAP!
¡BLUUM!
¡ZAP!
¡ZAP!
¡BLUUM!
¡ZAP

BLUUM!
¡ZAP!
LA VERDAD ES QUE
SON IMPRESIONANTES...

Sí, piensan caer con las botas puestas.
Bien por ellos.
Pero ¿y este tipo?
Está desprotegido.
No tiene nada.

Es la hora.
ADIÓS,
LOBI.
¡ZAP!

¡ZAP!
¡BLUUM!
¡ZAP!

¡¿Qué...?!
Has olvidado que soy amigo de La Elegida. También me prestó una pizca de su poder...
EPISODIO 18
Si nuestra vida fuera una saga...
¡GUIÑO!

¡BOING!
¡NOOOOOOOOO!
¡ZAP!

¡LOBI!
¡SOY LIBRE!
Vale, Serpiente.
Acabemos con esto...
¡DE UNA VEZ POR TODAS!

¡ZAP!

¡ZAP!
¡BLUUM!

• CAPÍTULO 5 •

LA SERPIENTE Y LA BESTIA

¡ZAP!

¡ZAP!

¡ARGH!

¡ZAP!
¡AAARGH!
¡¿TE DAS CUENTA DE LO QUE HAS HECHO?!
¿Me lo dices A MÍ?

¡SÍ!
¡ESTO PODRÍA HABER SIDO ALGO HERMOSO!
Podríamos haber
GOBERNADO JUNTOS EL MULTIVERSO.
Pero ¡NOOOOOOOOOOOOOOO!
¡Tenías que hacerte el puñetero
HÉROE!

Estás equivocado.
Lo sé.
Y aún no es demasiado tarde.
¡GZZZZZ!

¡¿EN SERIO?!
Mira a tu alrededor, so memo...
¡GZZZ!

¡ZAP!
¡ZAP!
¡ZAP!
¡ARGH!
¡BUF!

¡ZAP!
¡UGH!

JE, JE, JE, JE, JE.
¡ZAP

¡URGHHHH!
Lo... siento.

¡ZAP!
¡JE, JE, JE, JE, JE, JE, JE, JE, JE, JE, JE, JE, JE, JE!

Ya es tarde, Lobi.
Demasiado tarde.
Te quiero, colega.

¡ZAP!
¡ZAP!
¡ZAP!

¡ZAP!
¡AAARGH!
ZAP!

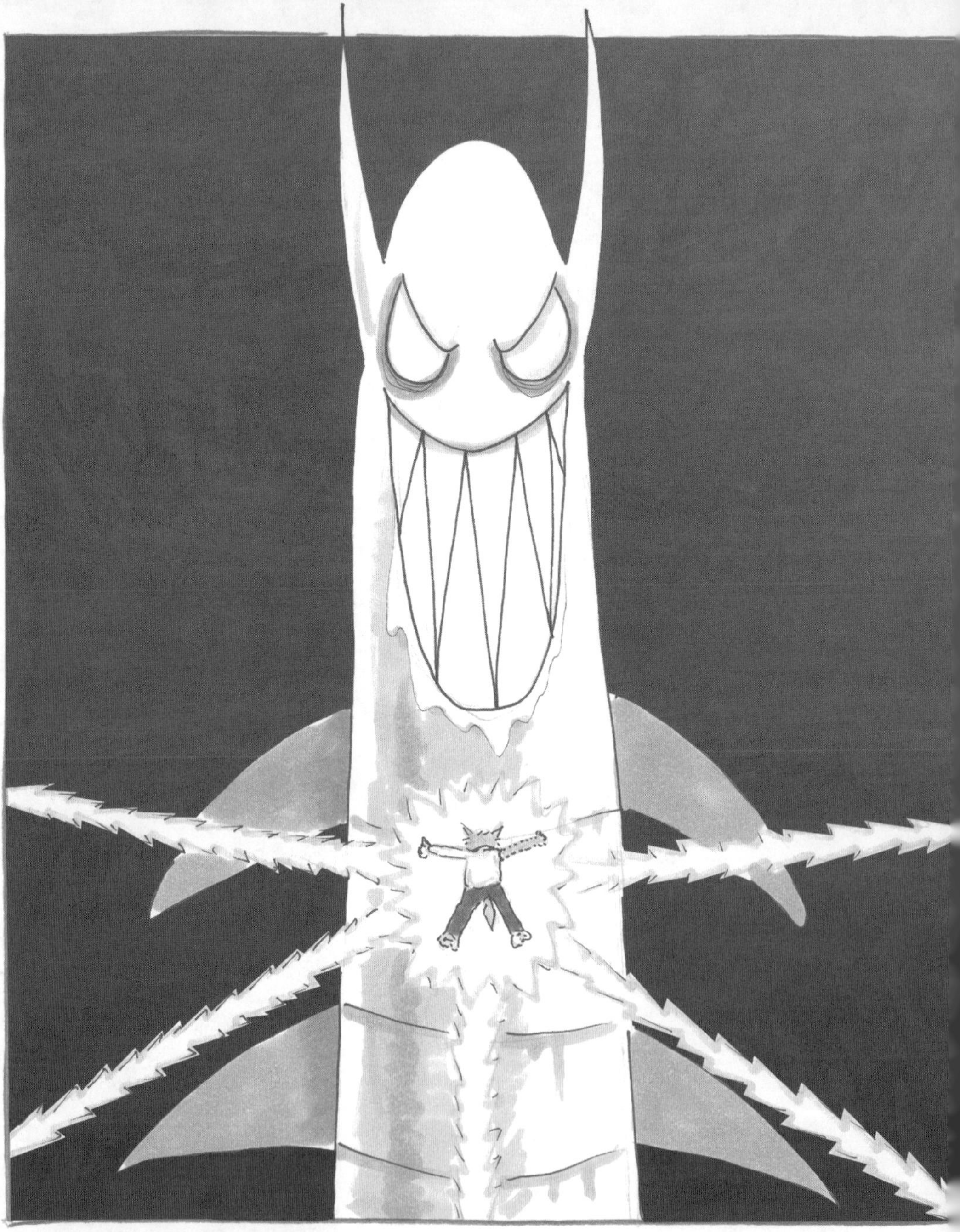

• CAPÍTULO 6 •

¿Y YA ESTÁ?

¡RÍNDETE O MORIRÁS!

ESTOY HARTO. ¡ACABAD CON ÉL!

SSSSSSSSSSÍ, AMO.

¡ZAP!
¡ARRRRGH!

¡EH, CIEMPIÉS!

Búscate otra aprendiz.
ESA YA TIENE PAREJA.

¿La Elegida...?
Sí.
Perdona, Lobi.
Hemos tardado
más de lo previsto...

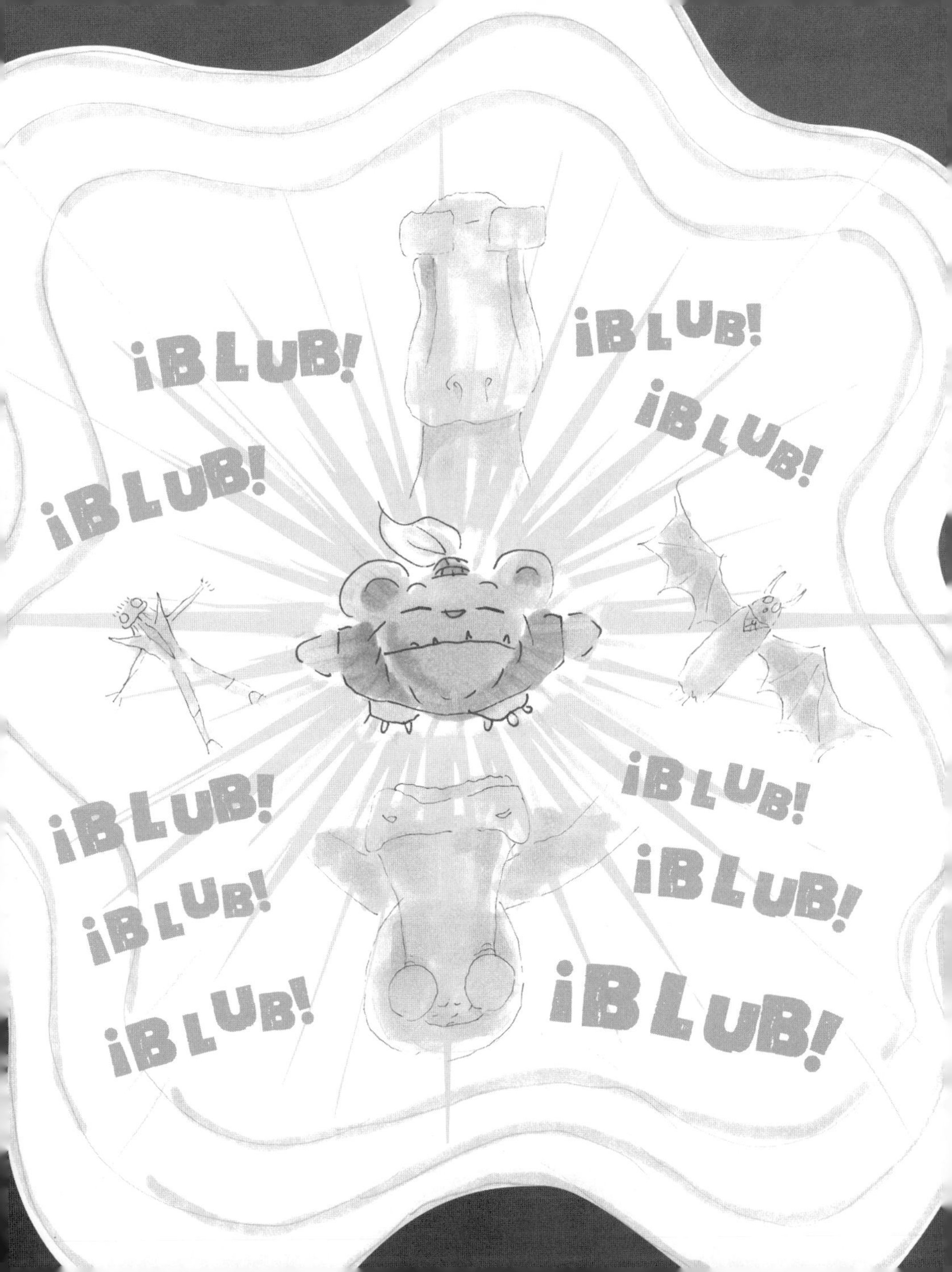
¡BLUB!
¡BLUB!
¡BLUB!
¡BLUB!
¡BLUB!
¡BLUB!
¡BLUB!
¡BLUB!
¡BLUB!

¡¿Milt…?!

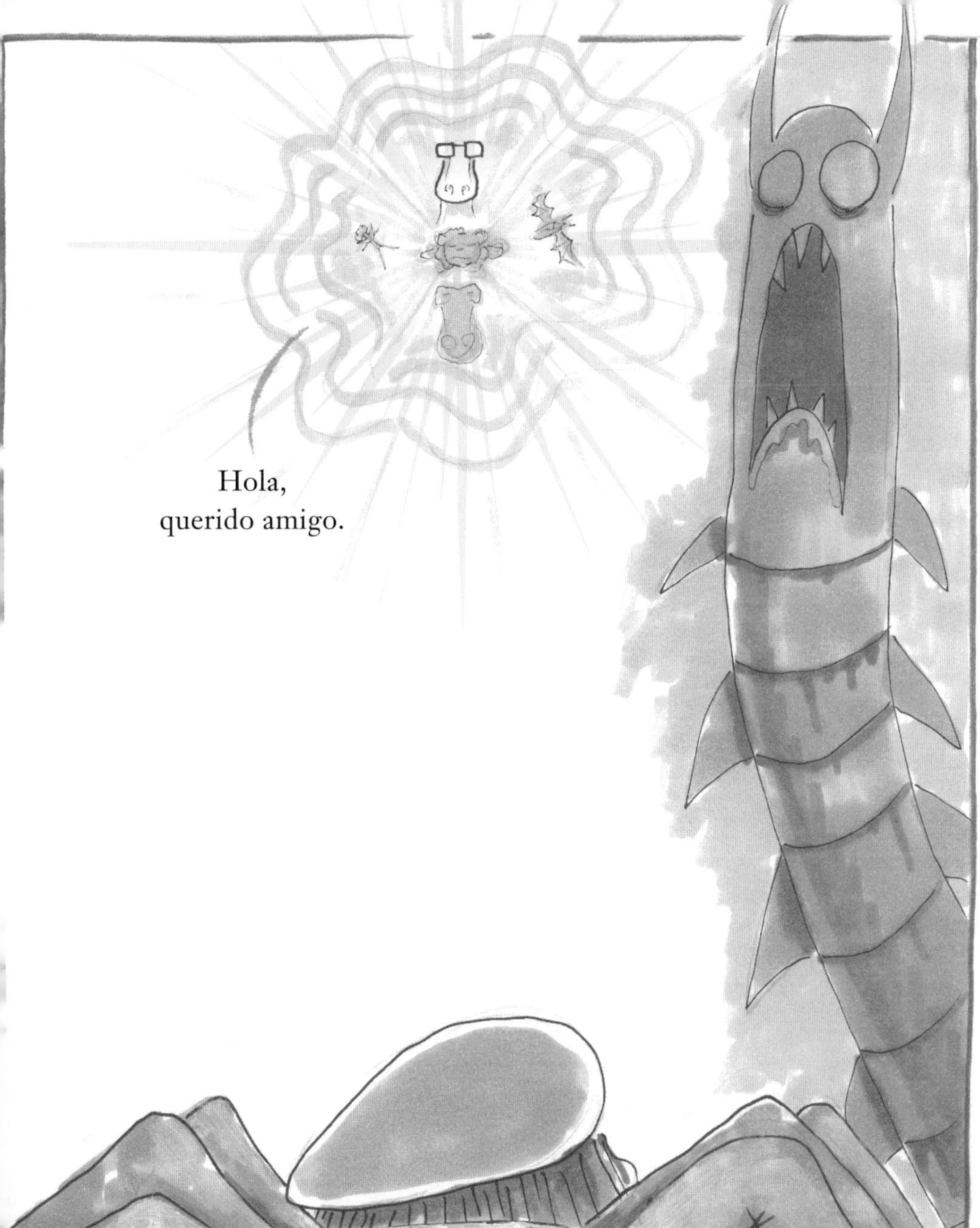
Hola,
querido amigo.

¡PARADLOS! ¡PARADLOS! ¡PARADLOS!
Me gustaría ver cómo lo intentas...

¡BLUB!
¡BLUB!
¡BLUB!
¡BLUB!
¡BLUB!
¡BLUB!
¡BLUB!
¡BLUB!
¡BLUB!
¡BLUB!
¡BLUB!
¡BLUB!
¡BLUB!
¡BLUB!
¡BLUB!
¡BLUB!
¡BLUB!

¡BLUB!
¡BLUB!
¡BLUB!
¡BLUB!
¡BLUB!
¡BLUB!
¡BLUB!
¡BLUB!
¡BLUB!
¡BLUB!
¡BLUB!
¡BLUB!
¡PAPÁ!
¡¿QUÉ ESTÁ PASANDO?!

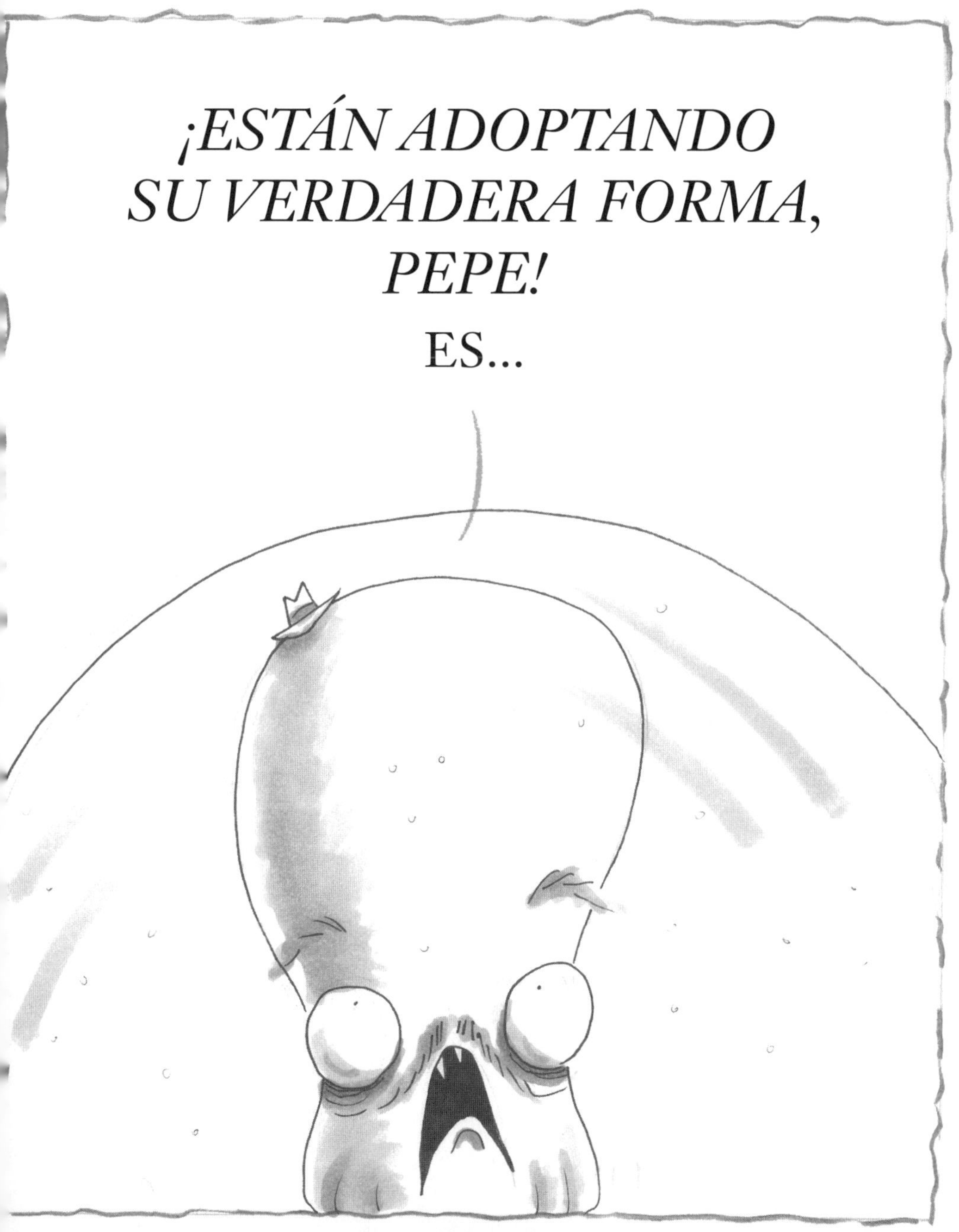
¡ESTÁN ADOPTANDO SU VERDADERA FORMA, PEPE!
ES...

LA
ELLEGIDA

• CAPÍTULO 7 •

EL NOMBRE ES LO DE MENOS

¡Y lleva un peinado hortera!

¡ATACAD!
¡ATACAD!
¡ATACAD!
¡ATACAD!
¡ATACAD!

¡ZAP!
¡ZAP!
¡ZAP!
¡ZAP!

¡DESTRUIDLA!
¡DESTRUIDLA!
¡DESTRUIDLA!
¡ZAP! ¡ZAP!

¡ZAP!
Se le ve un pelín nervioso, ¿no te parece, compadre?

¡Nada puede afectar
a mi maestro!
¡NADA!

¿Estás seguro de eso?

¡AMO, ESTO VA POR TI!

¡ZAP!

¡KA-BLUB!

Venga, ¿no has aprendido nada mejor de mí?

Ellen...
¿ELLEN?

Ellen...
Esa es mi chica.

¿Cómo te sientes, hermana?
Lo... lo siento mucho...
¿Estás de broma?

Eres mi heroína.

¿Ellen?
Pásalo...
¡PAM!

¡¿Eh?!
¡FIIU!

¿Pam...?
¡BIENVENIDA DE VUELTA, AMIGA!
¡Pásalo!

¡LOU!
¡FIU!
¡¿Qué?!

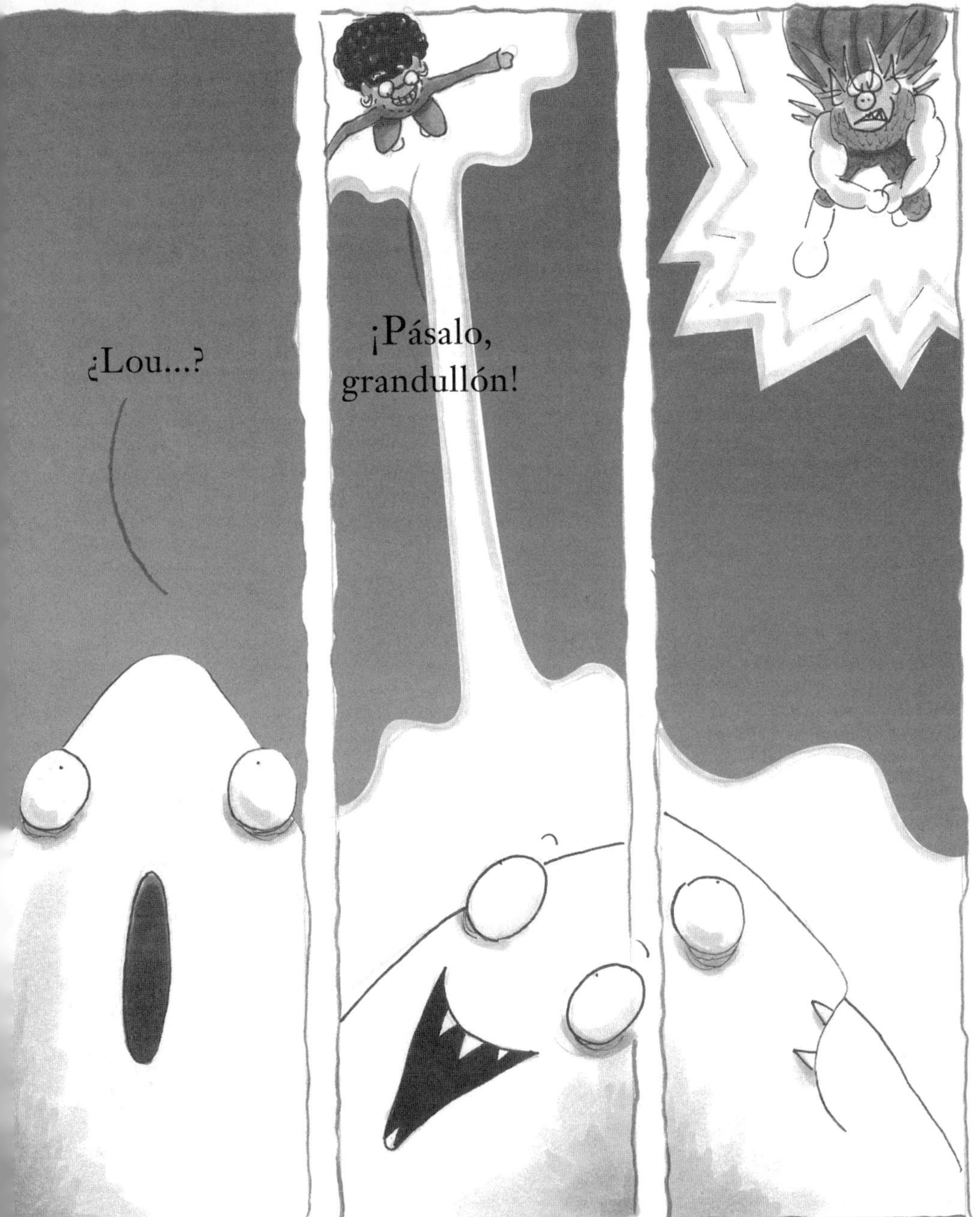
¿Lou...?
¡Pásalo, grandullón!

¡¿Ein?!
¡FIU!
¡EMMYLOU!

¡Eh!
¡Ahí está
MI PEPE!
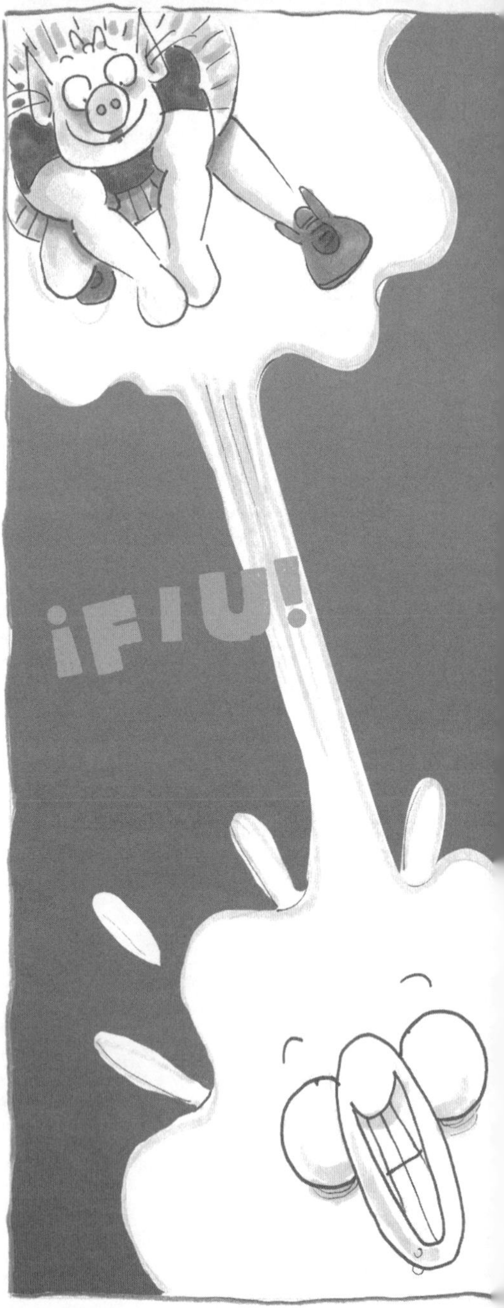
¡FIU!

¡Ooooh, papá!
¡Qué ALEGRÍA!
¡Prueba esto, HÉCTOR!
¡FIU!

¡NATHAN!
¡STEVIE!
¡FIU!
¡FIU!
¡DOLORES!
¡FIU!

¡FLOR!

¡¿Lo notas, colega?!
NO, NO, NO, NO, NO...
NO NO NO NO NO NO NO NO NO NO NO NO...

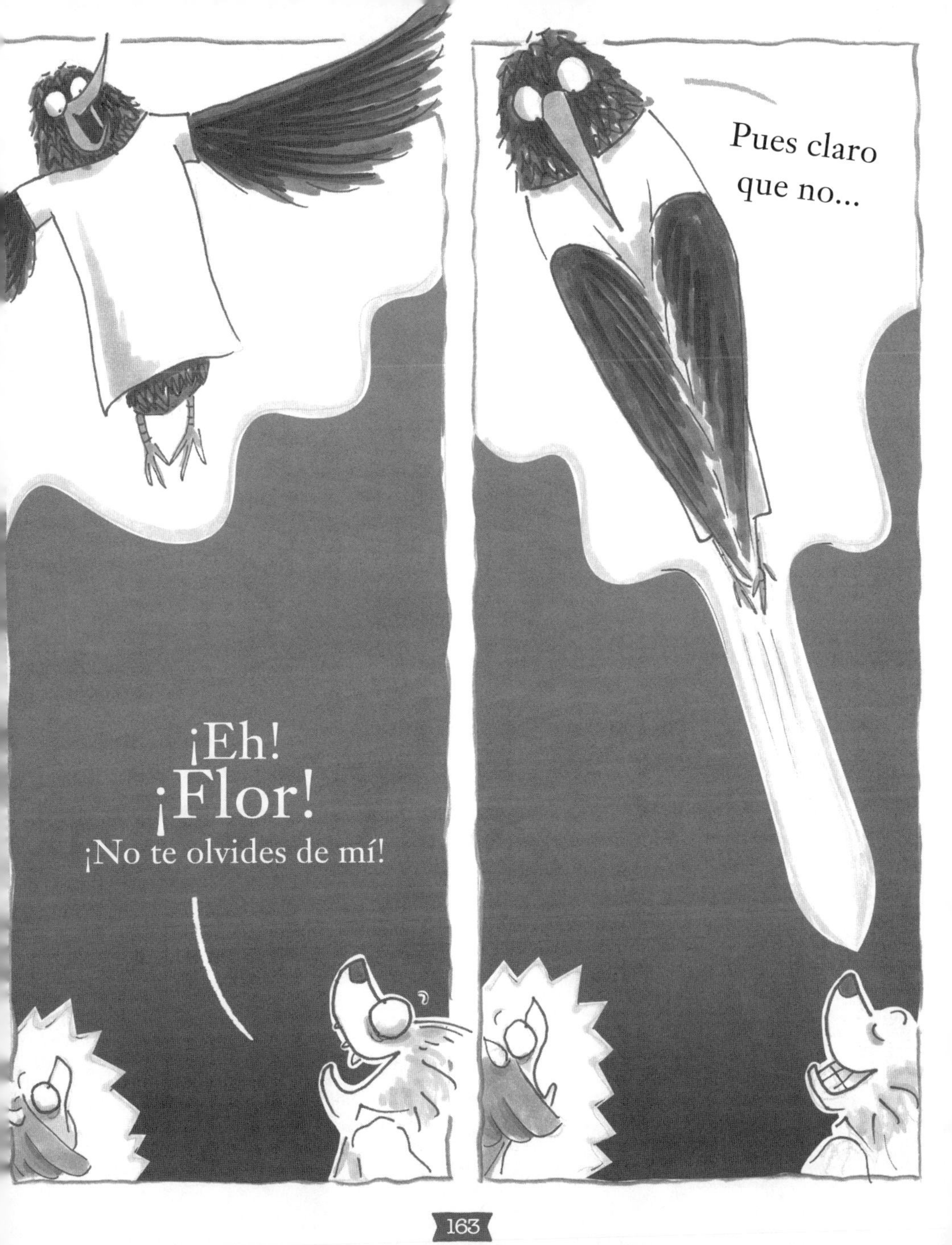
¡Eh!
¡Flor!
¡No te olvides de mí!
Pues claro que no...

¡MOE!
¡FIU!

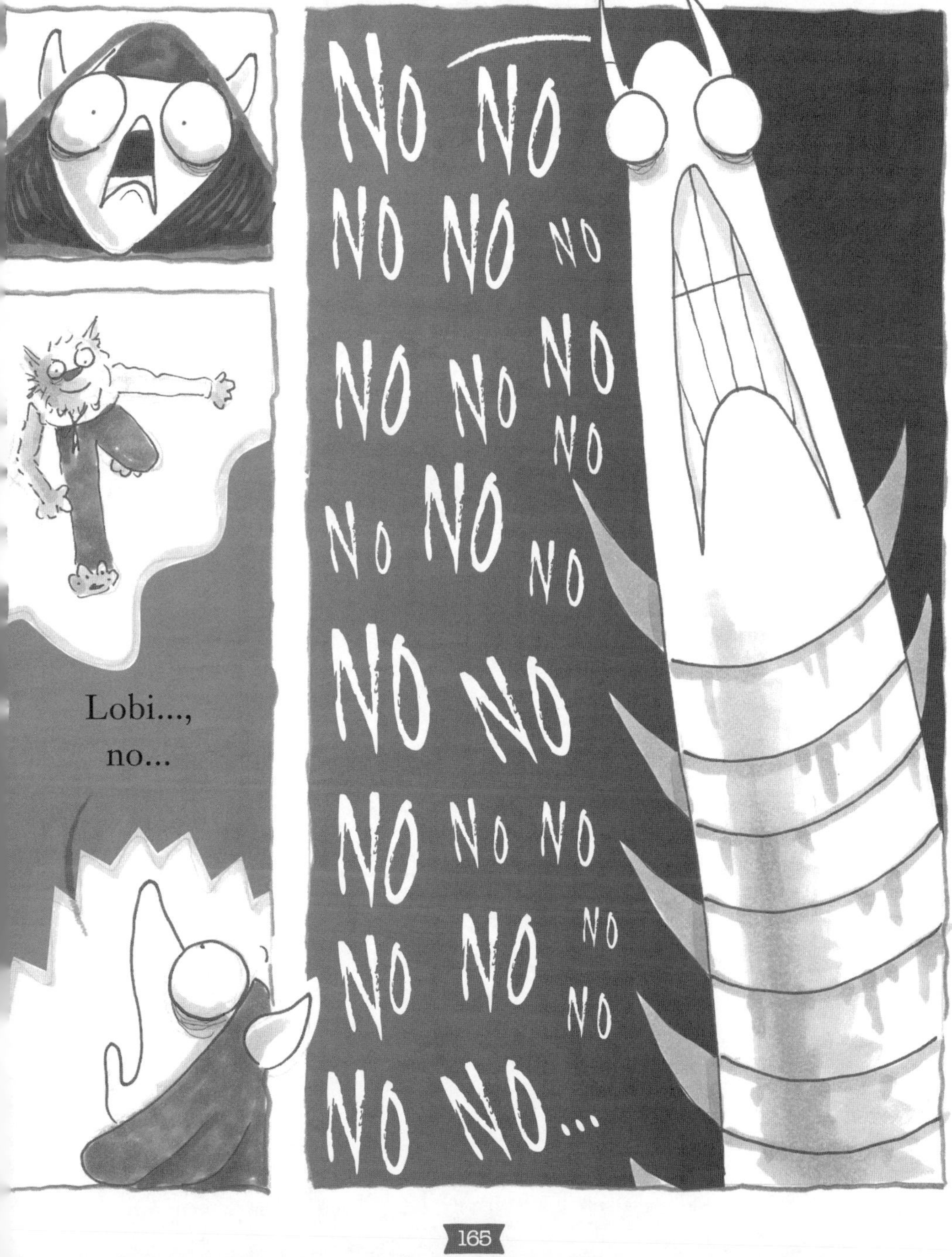
Lobi...,
no...
NO NO
NO NO NO
NO NO NO
NO
NO NO NO
NO NO
NO NO NO NO
NO NO NO
NO
NO NO...

Me llamo Moe.

Pero todo el mundo me llama...
Lobo.

Hola, Moe.
Yo me llamo...

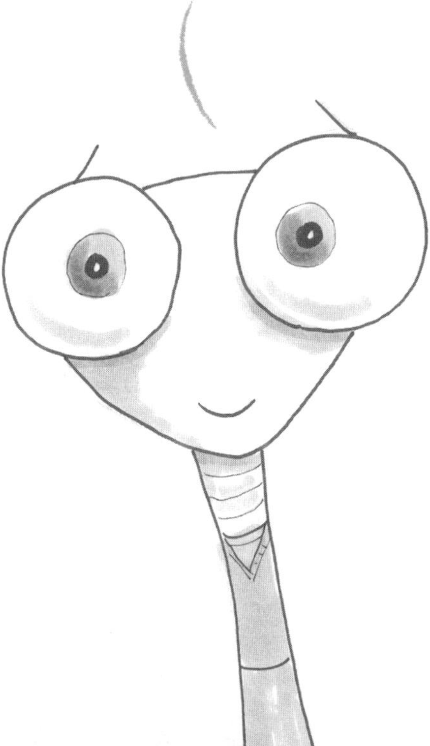

¡CEDRIC!
¡FIU!

FA-ZUUUU!

¿Cedric?
Qué nombre
tan chulo.
¿TÚ CREES?
Oh, sí.
Es muy molón.

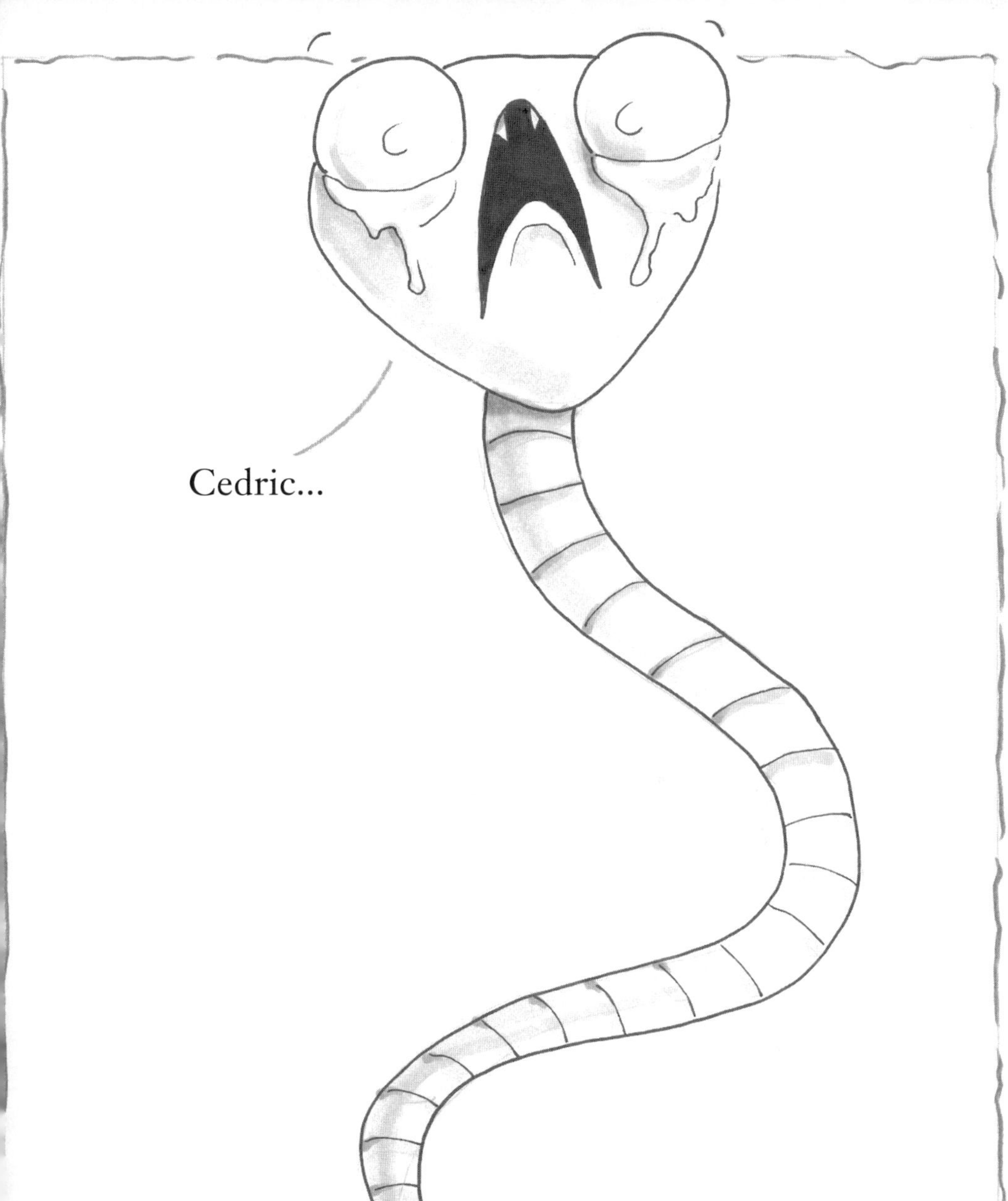
Cedric...

¿Amigo?
¿Eres tú…?
¿Lobi…?

Lobi...
Estoy perdido…
Tranquilo, chaval.
Estoy aquí.
Me he pasado
de la raya.
He...

Cedric, ¿eh?
Es un nombre muy mono para un ANIMALOTE.

Venga, colega,
VAMOS A CASA.

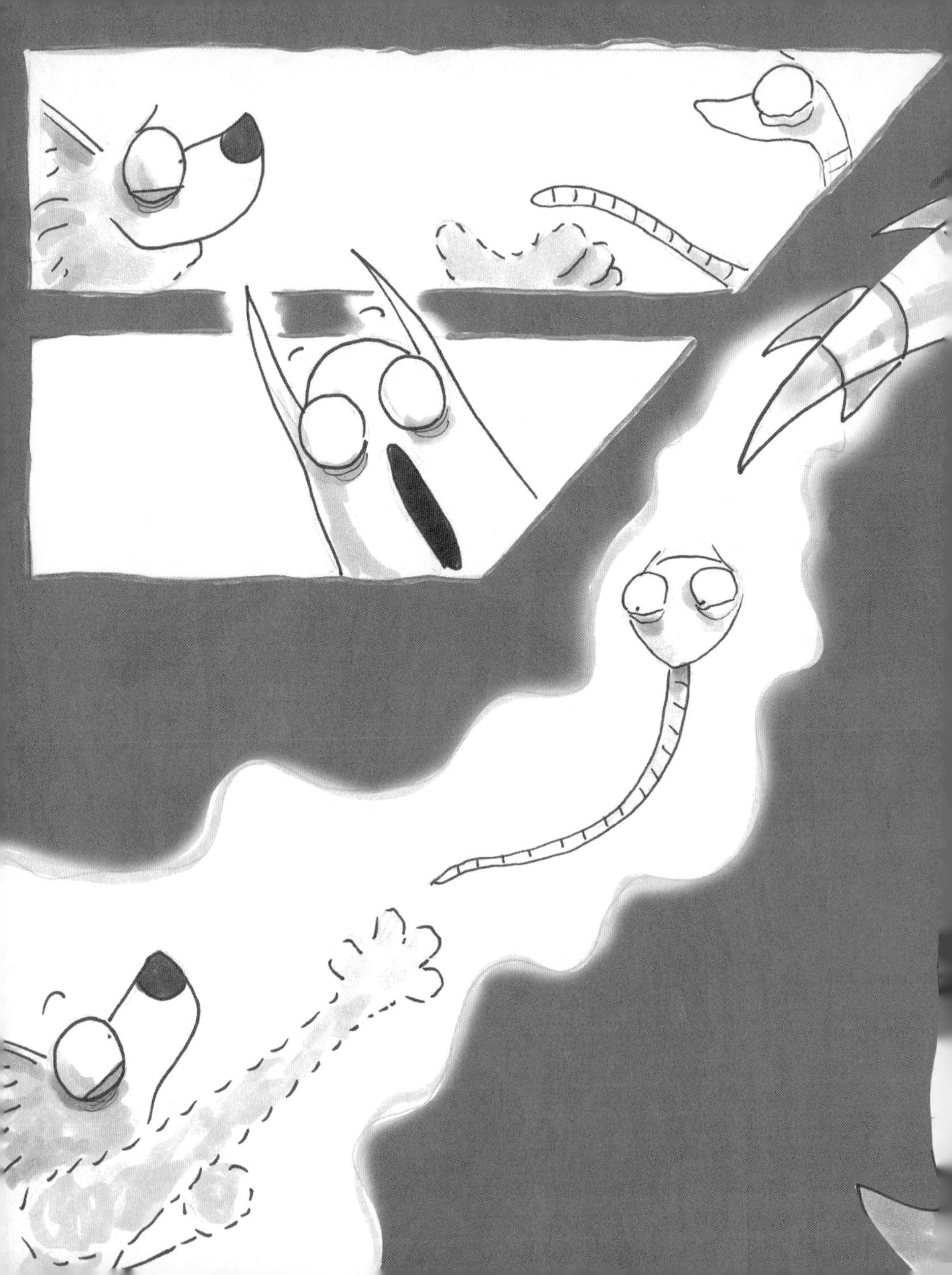

¡ES
MÍÍÍÍO!

No te lo pienso repetir.

¡DEJA
EN PAZ
A MI
AMIGO!

iKA-

BOOM!

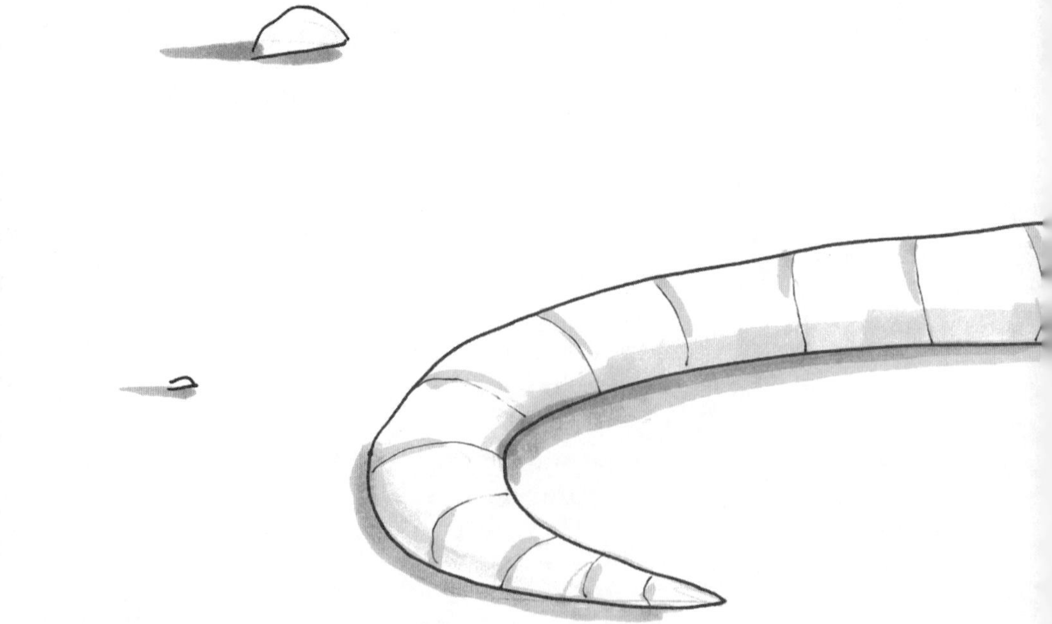

¿Dónde está Lobo?

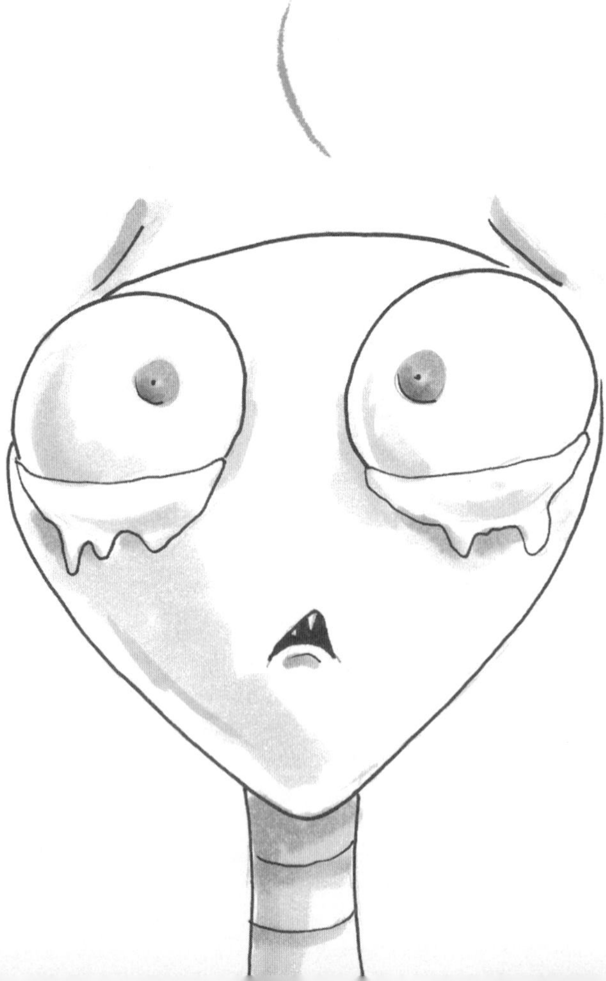

CONCLUIRÁ...

LOS ANIMALOTES EPISODIO 20

A CONTINUACIÓN...

ANI-MALOTES

EPISODIO 20

UNA COSA MÁS

Con este atraco nos haremos famosos...

Sí.

¿Qué me dices?

¿Listo para convertirte en una

LEYENDA,

chaval?

BANCO
¡GUAAAAH!
¡GUAAAH!
¡GUAAAAH!
¡GUAAAAAH!
¡CRASH!

¡BRUUUUM!
¡BRUM!
¡BRUM!
¡BRUM!

¡TOCOTÓ!
¡TOCOTÓ!
¡TOCOTÓ!
¡TOCOTÓ!
NIIII-NOOO
NIIII-NOOO
NIIII-NOOO
NIIII-NOOO

¡TOCOTÓ!
¡TOCOTÓ!
¡TOCOTÓ!
¡TOCOTÓ!
¡TOCOTÓ!
-NOOOOOOO
¡BROOOM!
¡BROOOM!

¡ÑIIIIIIIC!
¡BRUUUUUM!

SE BUSCA
¡BRUUM!
¡BRUUM!

Atracar bancos
me abre el apetito.
¿Te apetece un trozo
de tarta?
Nah.
Pero me apunto a un café.

¡Con el de hoy van veintiún bancos!

¡Y por muchos más!

¿Qué dices?
¿Cómo es que no te gusta
la tarta?

¡FLASH!

¡BLERGH!
¡¿QUÉ ACABA DE PASAR?!

¿Dónde...? Espera...
¡¿ESE SOY YO?!

¡¿QUÉ E

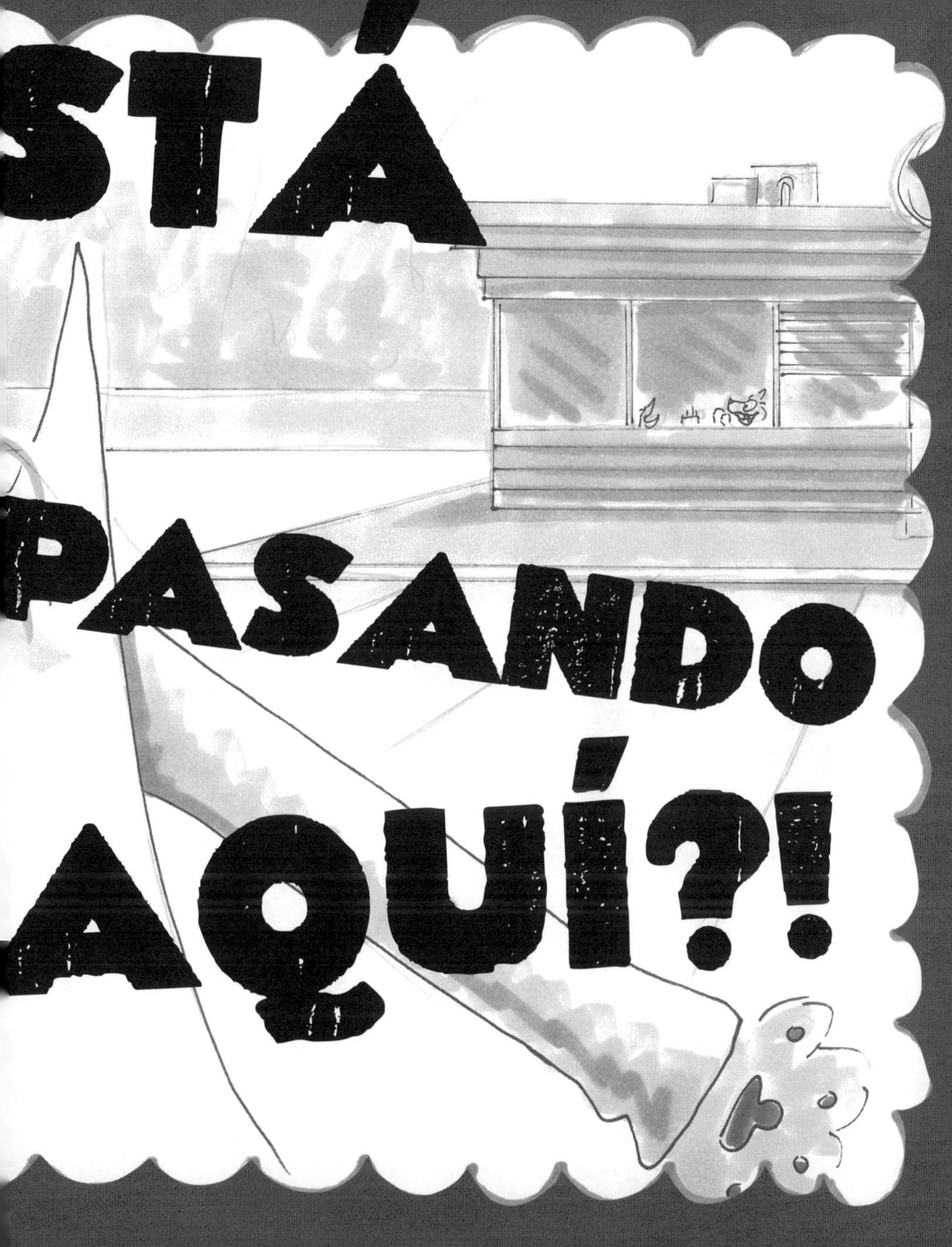
STÁ PASANDO AQUÍ?!

• CAPÍTULO 1 •

EL PRIMER DÍA DE CLASE

¿No te acuerdas de eso?
CAFETERÍA
Sí, lo recuerdo… Estaba celebrando veintiún bancos atracados en ventiún días…
CAFETERÍA
PERO ¿POR QUÉ LO ESTOY VIENDO?

Ese de ahí... ¡soy
YO!
¿Cómo puedo
VERME DESDE FUERA?
Mmm.
Bueno, *si tu vida fuera una saga*, podrías considerar este episodio como un
FLASHBACK.

Los bordes de la viñeta podrían ser **ONDULADOS,** con forma de nube, para mostrar que es un *flashback*…
Eso sería una idea sencilla, pero efectiva…

Pero... ¡espera! Aunque mi vida
fuera una saga, no podría
volver atrás y

FORMAR PARTE

de un *flashback*.

Esas cosas no funcionan así.

¿No estás olvidando algo...?
EL ESPACIO Y EL TIEMPO no tienen poder sobre mí.
Puedo ir a CUALQUIER SITIO.
Puedo ir a CUALQUIER ÉPOCA.
Y ahora… tú también puedes.

¡¿HEMOS VIAJADO EN EL TIEMPO?!
Sí.

¡¿De verdad hemos VIAJADO AL PASADO?!
¿Le estoy haciendo UNA VISITA a mi YO DEL PASADO?
Ya lo vas pillando.

Es más, si tu vida **FUERA** una saga,
las viñetas no necesitarían
bordes ondulados, porque

TÉCNICAMENTE

no se trataría de un *flashback*.
Porque

ESTÁS

AQUÍ

DE VERDAD.

No entiendo ni papa.
Ya te acostumbrarás.
Pero…
¡¿Qué llevo
PUESTO?!

¿No te gusta?
¡¿Y qué me ha pasado en el
PELO?!
Basta de preguntas.
Tenemos una labor importante
que cumplir.

¿BASTA DE PREGUNTAS?

Hace un minuto estaba peleando con

UN CIEMPIÉS GIGANTE,

y luego,

SIN PREVIO AVISO,

he acabado metido

EN UN VIAJE TEMPORAL

para hacerle una visita

A MI OTRO YO,

que está sentado en una cafetería con Serpiente.

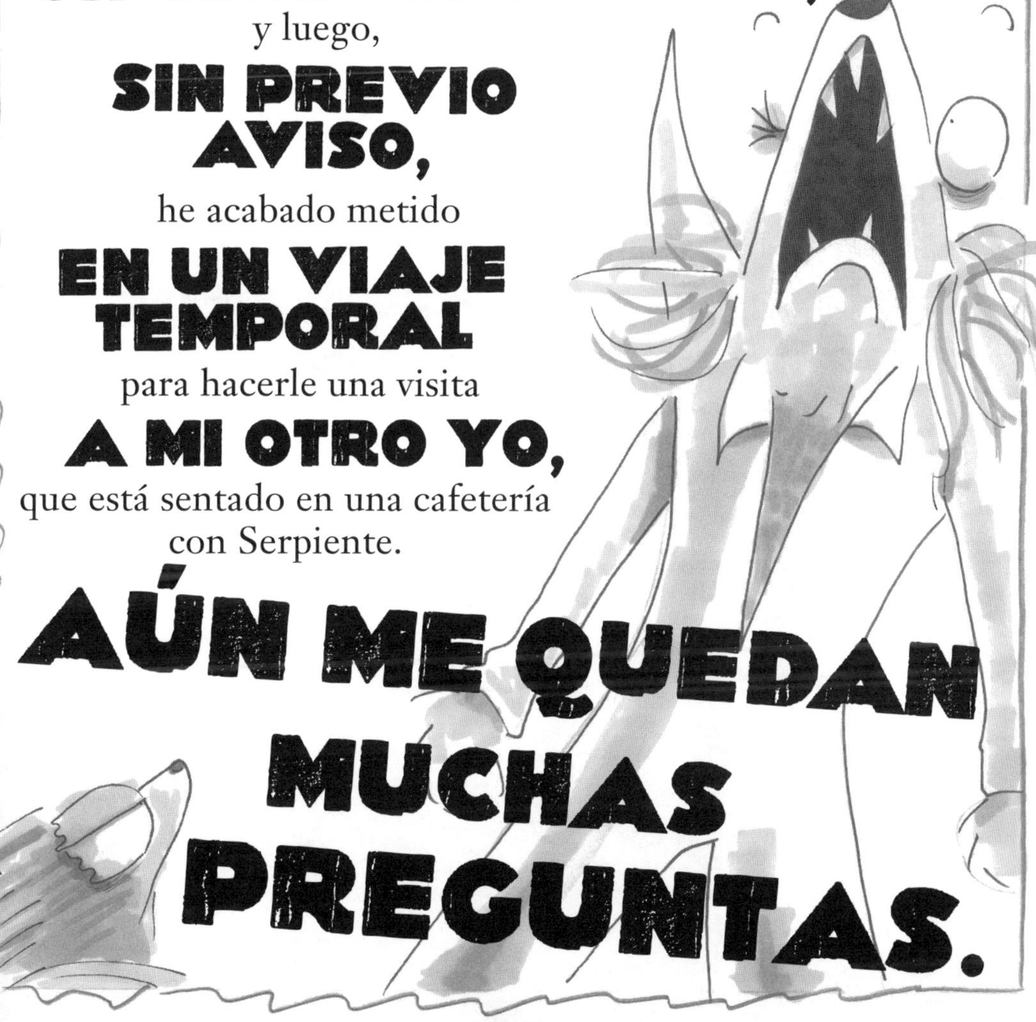

AÚN ME QUEDAN MUCHAS PREGUNTAS.

Está bien.
Te voy a hacer una
DEMOSTRACIÓN DE LOS VIAJES EN EL TIEMPO.
Pero rapidito.
Y luego nos ponemos manos a la obra.

¿A la obra?
¿Qué obra?
¡¿De qué puñetas estás hablando?!
¡¿Y por qué vuelves a ser un
DIABLO DE TASMANIA?!
¡¿Por qué no eres
UN PEGOTE DE LUZ BLANCA
con una carita
y un peinado hortera?!
¡Espera!
¡¿Yo también tengo un peinado
HORTERA?!

Soy un diablo de Tasmania porque así llamo menos la atención.
Y tú luces EL PEINADO SAGRADO...
... porque eres mi nuevo APRENDIZ.

Perdona…, ¡¿qué?!
Te lo demostraré.
¡Clic!
¡FLASH!

• CAPÍTULO 2 •

NO ESTABA MUERTO

¡Diste tu vida por nosotros y nunca podremos compensártelo!
DARÍA CUALQUIER COSA POR VOLVER A VERTE...
SR. LOBO
¡FLASH!

¡IIIIIIIIIIIIIIIIIIIIIH!

¡UN FANTASMA!
¡ATRÁS, DIABLO!
¡NO TE ACERQUES!

¿Lobo?
¿Eres tú…?
Hola, grandullón.
NO HABLES CON ÉL, HERMANO. NO LE MIRES A LOS OJOS.

Piraña, soy yo...
¡NO TE TENGO MIEDO!
¡CUATE!
¡¿QUÉ ESTÁS HACIENDO?!

Sí que eres tú.

Ya te dije que era demasiado pronto para un funeral…
Espera…, ¡¿qué?!
Al parecer, he viajado en el tiempo.

Después de derrotar
al Ciempiés,
me teletransporté hacia
EL PASADO.
Y ahora me he
teletransportado de vuelta
hacia el…, ejem…,
FUTURO.
¡Para decir *holi!*

¿Lo he explicado bien?

Sip.
¿PUEDES HABLAR?!
Es una larga historia.

Vaya, dichosos los ojos.

Ya te dije
que era muy pronto
para un funeral…

¿Estás bien?
Sí. Confuso, pero bien.
TÚ, un día de estos, a no mucho tardar, vas a contármelo TODO. ¿Entendido?

Lo sé.
Te debo una explicación.
Y que lo digas.
¿Habéis estado ocupadas
SALVANDO EL MUNDO?

Qué va, encanto.
Nos hemos retirado.
¿No es así, nena?

Sí.
Vamos a recorrer el mundo.
Para ayudar a quienes lo necesiten.
He desempolvado mi
TÍTULO DE MEDICINA.
Y nuestra amiga ha resultado ser
UNA INGENIERA CUALIFICADA.

¡Esa soy yo!
Vamos a aportar nuestro granito de arena. Después de lo que hemos pasado, suena como unas vacaciones, ¿no crees?
Pero ¿quién mantendrá el mundo a salvo sin vosotras?
¡NOSOTROS!

¡Pero si es el Sr. Lobo!
Ya dijimos que…
… ERA MUY PRONTO PARA EL FUNERAL.
Siempreee ha siiiidooo muuuyyyy impacieeeente…

¡Tenéis el
GUAPO SUBIDO!
Gracias,
Sr. Lobo.
¿Y tú de qué vas disfrazado?

¡Bueno, chavales!
¡TENEMOS QUE IRNOS!
¡No olvidéis que tenemos un Multiverso que proteger!
Me alegro de haberte visto, Sr. Lobo.

¿Rhonda?
¿Él está… contigo?

Siempre estaré aquí, querido amigo.

Y estaré muy orgulloso de aquello en lo que te has convertido.
Vamos, colega. Hay problemas en el
CUADRANTE 9.
Tenemos que espabilar.

¡Eso!
¡Mueve el culo!
¿A ti quién te ha preguntado?
¡Perdón! ¡Ya me callo!
En fin.
¡Venga, muchachos!
TODOS EN MARCHA...
Voy para allá...

¡Nos vemos, Milt!
Hasta la vista, Lobi. Ya sabía que no estabas muerto.

Nosotras también nos piramos. Ha sido un placer verte, amiguete.
La explicación.

¿Ella…?
Está ahí arriba.

Tienes trabajo que hacer, Lobo.
¿No puedo pasarme a saludar?
Cinco minutos.

Si puedes controlar el **TIEMPO** y el **ESPACIO**, ¿por qué tienes tanta prisa?
Me gusta ser puntual.
¿Eso requiere alguna medicación?

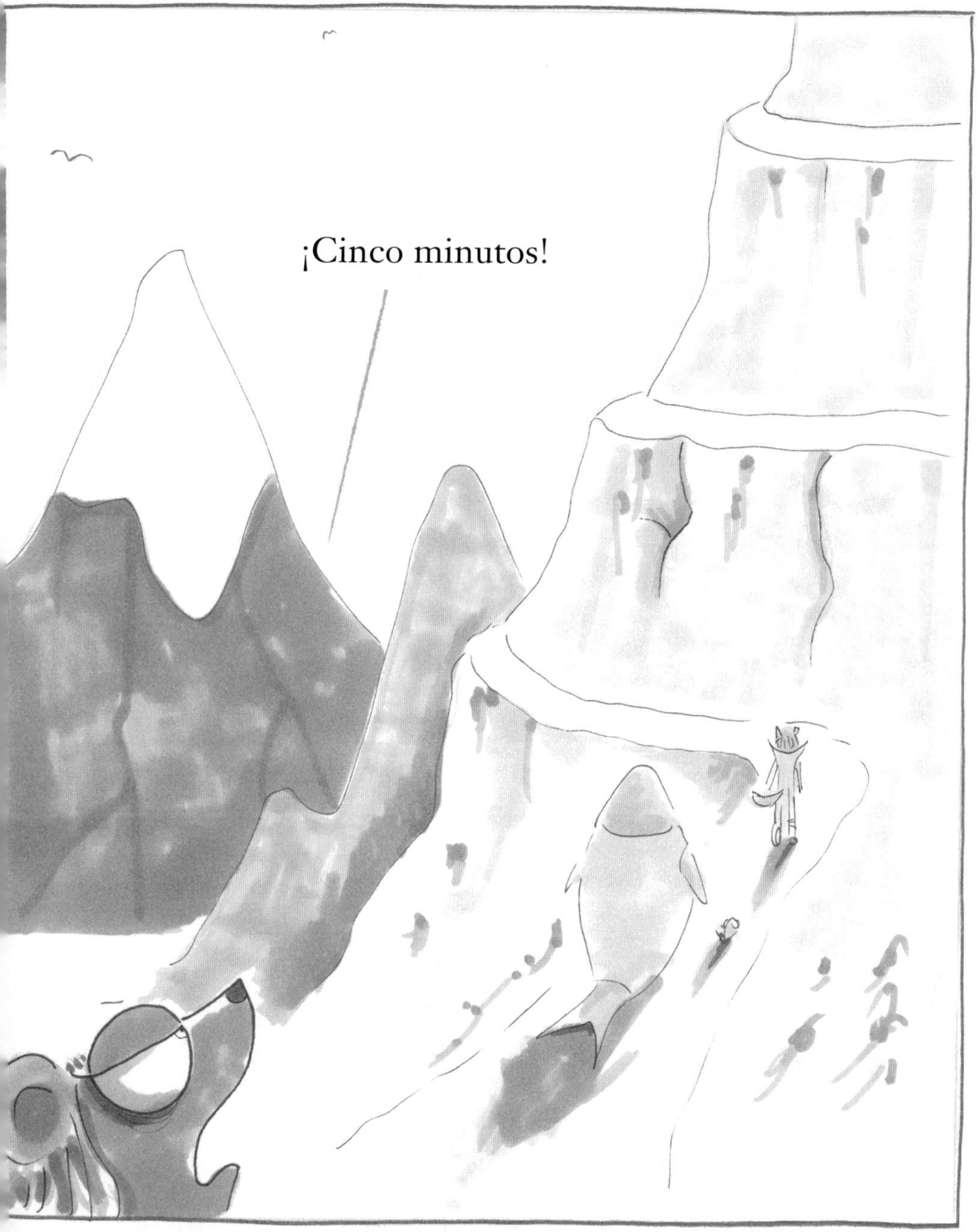
¡Cinco minutos!

• CAPÍTULO 3 •

ELLA

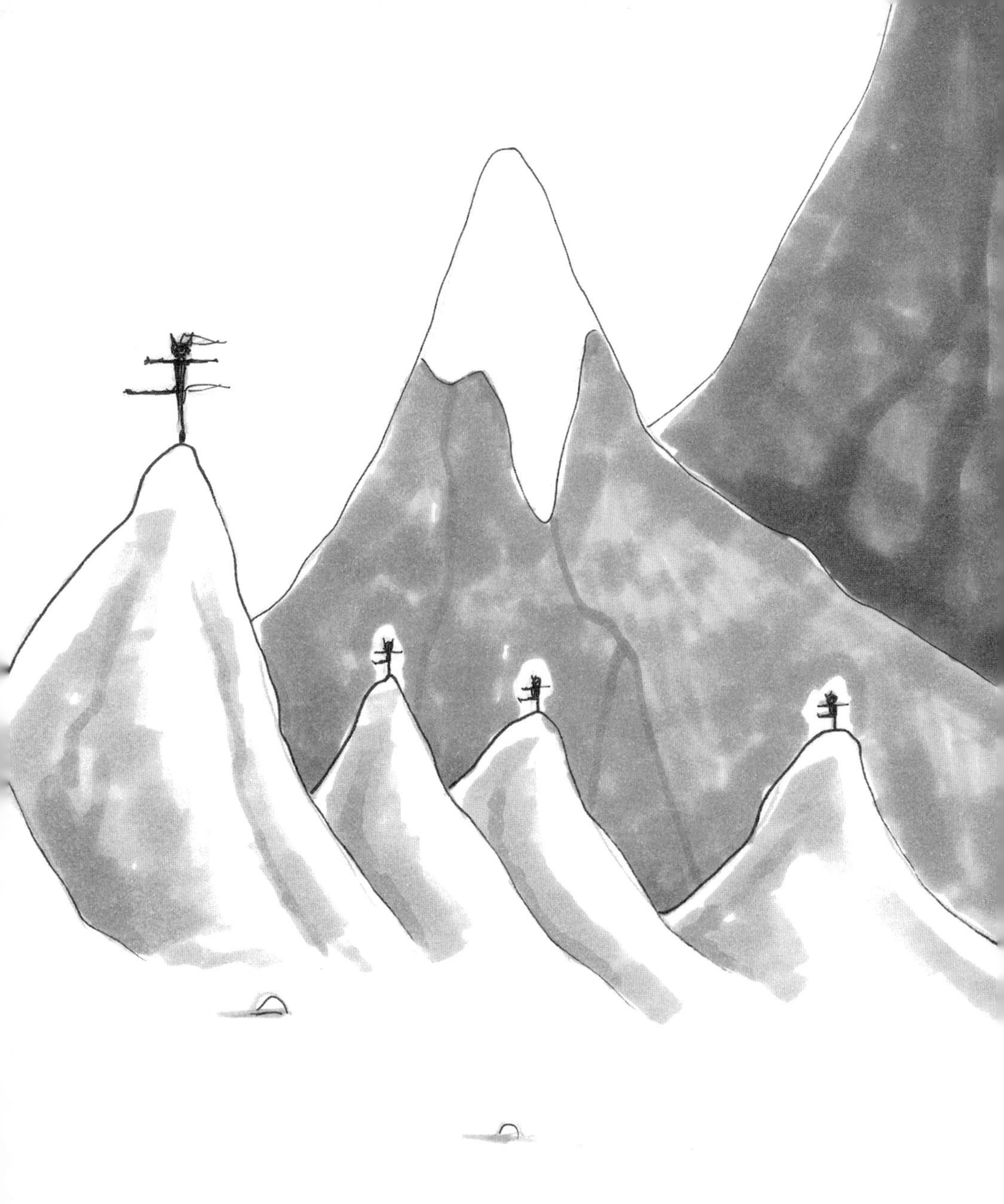

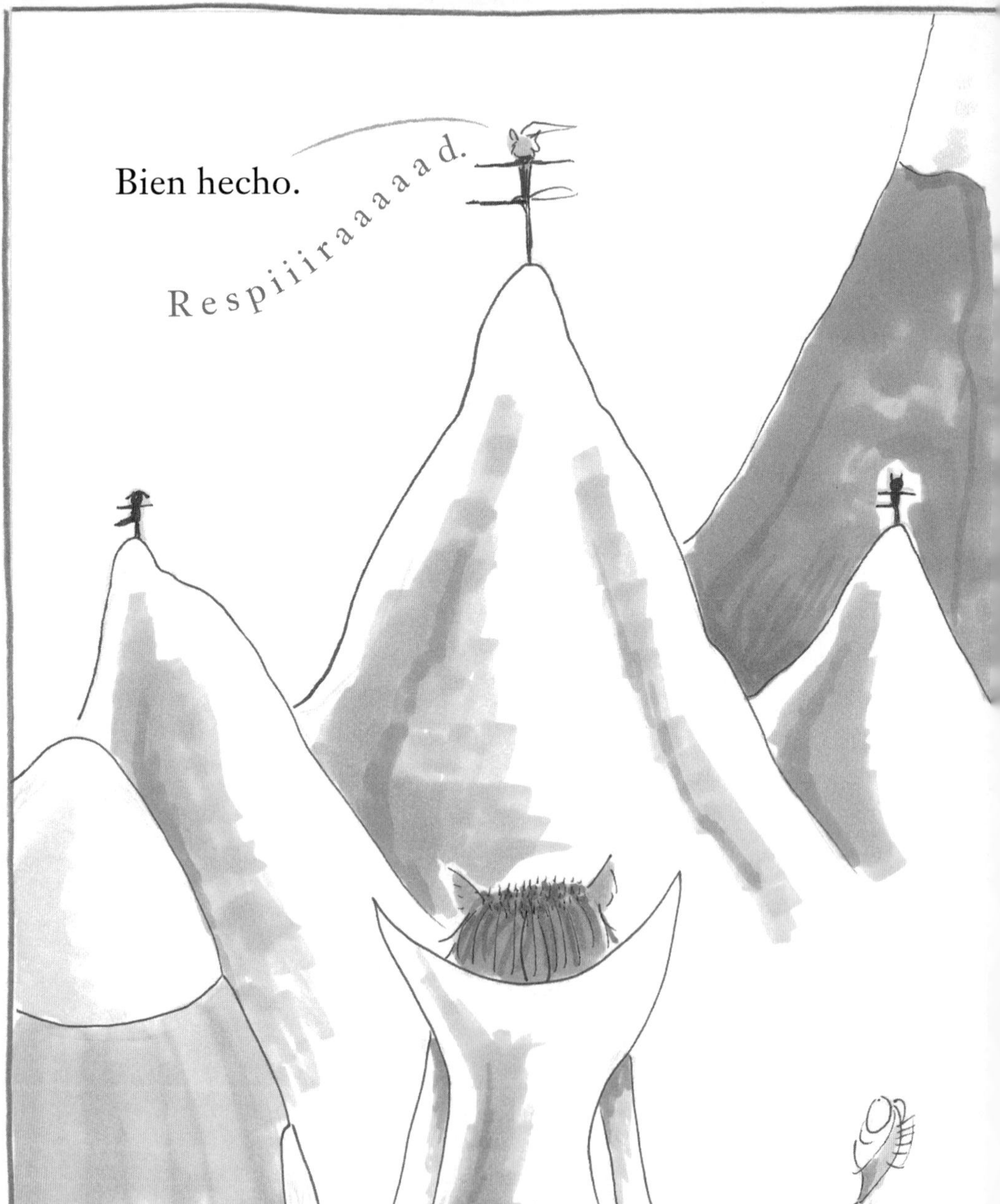
Bien hecho.
Respiiiraaaaad.

Bien.
Es la hora de comer.
Ya podéis marcharos.

¡Y no os metáis en líos!

¿Qué te dijimos?
¡TENÍA PINTA DE ESTAR MUERTO!

¿Vas a cuidar bien de él?
¿Tú qué crees?

Veo que has conseguido el pelazo.
Te favorece.

¿Estás... bien, Ellen?
Sí, voy tirando.
Cada día me siento mejor.
¿Estás...?
¿Retirada?

Sí,
EL EQUIPO B
lo está bordando.
Pero...
¿Qué voy a hacer con mi vida?
Siempre sabes lo que voy a decir...

Me dedico a enseñar un poco.
A respirar un poco.
A sanarme un poco.
Estoy…

… viviendo la vida.
Aquello que hiciste…
Fuiste muy valiente.

Hice lo que había que hacer.
Tú también fuiste muy valiente.
Y ahora, ¡mírate!

Más vale que tengas cuidado: ser aprendiz de Rhonda es bastante peligroso.
No para de repetirme que tenemos que marcharnos. Que tengo «trabajo que hacer».
Mmmm. Me pregunto qué podrá ser.

¿Ellen?
¿Sí, Lobi?
Te admiro mucho.

Y yo a ti,
Sr. Lobo.
Sígueme.

Ahí arriba.

Te veré enseguida.

Ya le dijimos
que no estabas muerto.

• CAPÍTULO 4 •
ÉL

Eres tú.
Sí,
soy yo.
¿Qué tal estás?
¡COOF!
¡COOF!

No puedo quejarme. ¿Y tú?
Me va bastante bien, para ser un viajero temporal novato con un peinado hortera.
No pensaba mencionar lo del pelo…

Tranqui.
No te cortes.
Nah…
¡Te queda bien!
¡COOF!
¡COOF!
¡COOF!

¿Seguro que te encuentras bien?

Es raro…
No recuerdo mucho de lo que pasó.

Pero todavía lo noto.
En lo más hondo.
Como si fuera un...

... veneno.

Hice cosas horribles, colega.
No eras tú. Alguien te estaba controlando…

ESO NO ES EXCUSA.
Tendría que haber sido más fuerte.

Si hubiera sido la mitad de fuerte que tú, nada de esto habría sucedido.

Lo siento, Lobi.
Lo siento mucho.

¿De verdad
te gusta mi pelo?
Nah.
Pareces un chiflado.

Gracias, Ellen.

No hay de qué.
Y cuando acabéis,
¿qué os parece si hacemos
un poco de yoga?

Vale.
Me apunto.
Por cierto, FLOR me pidió que te dijera que volverá mañana por la mañana, así que no se perderá vuestro día de cine.

Estupendo. Vamos a hacer una maratón de COMEDIAS ROMÁNTICAS.
¿Quién eres y qué has hecho con el Sr. Serpiente?

Soy una versión nueva
y mejorada, chaval.
Nueva y mejorada.

Es la hora.

Tranquilo.
No nos iremos a ninguna parte.
Puedes venir a visitarnos
en cualquier momento.
¡Literalmente!
¡MUAC!

Oye, si crees que voy a darte un beso, estás mal de la azotea.

Bah, ¡ven aquí!
¡En el fondo eres
un trozo de pan!

Hora de trabajar, Sr. Lobo.
Siempre tan misteriosa.
¡No dejes de visitarnos, chaval!
¡Eso, cuate! ¡Vuelve pronto!

¡FLASH!

• CAPÍTULO 5 •

LA PARADOJA

¿Qué hacemos aquí?

¿Puedo preguntarte una cosa?

¿Por qué decidiste ser UN BUENAZO?
¿Qué?
Bueno, si imaginas que tu vida es una saga, en el EPISODIO UNO, decidiste DEJAR DE SER MALO.
Eso significa que tuvo que haber un momento en el que pensaras: *No quiero ser el* LOBO FEROZ *ni un minuto más.*

Tuvo que haber un momento
en el que dijeras:
Ya no quiero asustar a nadie.
QUIERO SER BUENO.

¿Cómo ocurrió?

Muy sencillo…
Cuéntamelo.
Bueno…
Yo…

Pues llamé a los chicos y les dije que íbamos a ser unos **BUENAZOS.**
Pero ¿recuerdas por qué?
Porque mira a ese tipo.

¡AGHHHHHHHHHH!
¿Tiene
PINTA
de querer
ser bueno?

No...
La verdad es que no.
Pero si NO se reforma, el Multiverso se meterá en un buen lío, ¿verdad?
Sí...

¿Entonces?
¿Qué piensas hacer al respecto?

¿Estás diciendo…?
¿QUE DEBO
ONVENCERME
A MÍ MISMO,
a mi yo del pasado,
ARA QUE SEA BUENO,
o si no...?
¡¿NO
SE
REFORMARÁ?!

Eso mismito.
Pero eso no tiene ningún sentido…
Es una PARADOJA.
¿Eso requiere alguna medicación?

Tienes que ENTRAR AHÍ y convencer A TU ANTIGUO YO PARA QUE CAMBIE DE ACTITUD.
Pero si ESA es la razón por la que me volví bueno, si cambié mi actitud porque una versión de mí mismo venida del futuro me dijo que lo hiciera, ¡¿POR QUÉ NO LO RECUERDO?!

¡¿POR QUÉ?!

Te he concedido
PODERES ESPECIALES,
¿recuerdas?
Puede que tengan algo que ver...

Anda, ¡mira!

Nos vemos, colega.
¡Felices veintiuno!

Esta es
tu oportunidad.
¡ENTRA
AHÍ!

• CAPÍTULO 6 •

LOBOS

¡EH! ¡PARA EL CARRO!
¡FIUUSH!

Creo que te has equivocado de…

Hola.

¿De qué va esto?
Ya sé lo que parece…
¡¿Lo sabes?!
Pues explícamelo.
¿Qué es lo que parece?

Yo soy... TÚ.

Tú eres... YO.

Y no hay una forma sencilla de explicar esto, pero…
... vengo del FUTURO.

Ya.
¡La cuenta, por favor!
¡NO!
¡Mírame!
Es decir…,
¡MÍRATE
A TI MISMO!

¡Soy yo!
Es decir...,
¡TÚ!
¿Me habéis echado algo raro en el café?

Escúchame.
Necesito que prestes
mucha atención.
Ajá…
Tienes que
VOLVERTE
BUENO.

Perdona..., ¿qué?
¡Tienes que DEJAR DE SER MALO!
Dejar de ser malo...

¡SÍ!
¿Dejar de ser malo?
¡SÍ!

¡JA, JA, JA!
¡JA, JA, JA!
¡JA, JA, JA!
¡JA, JA, JA!
¡JA, JA!
¡JA, JA, JA!
¡JA, JA, JA!
¡JA, JA, JA!
¡JA, JA, JA!

Me parto contigo…

No sé cómo lo habéis hecho, chicos, pero esa MÁSCARA es la releche.
¡BRAVO!
¿Serpiente? ¡Vamos, sal! ¡Me la has jugado! Jolín, he picado como un primo...

No es una máscara.

¡A VER!
¿¡QUÉ OCURRE AQUÍ?!

¡¿DE QUÉ PUÑETAS VA ESTO?!
Cálmate.
Respira.
Ya sé que es muy fuerte.
¡¿MUY
FUERTE

Escucha… Es muy sencillo.
DEJA DE SER MALO,
o si no
EL UNIVERSO
SERÁ
DESTRUIDO.
Primero por unos
ALIENS con TRASEROS EN VEZ DE MANOS,
y luego por un
CIEMPIÉS MILENARIO
que convertirá a
SERPIENTE
en un
SUPERVILLANO.

Qué historia tan flipante.
Ni te lo imaginas. Si nuestra vida fuera una saga, se convertiría EN UN *BESTSELLER*.

¡Tal vez incluso en una
EXITOSA
PELÍCULA
DE
ANIMACIÓN!
Vale…
Me lo he pasado genial,
pero tengo que irme ya…

¿CÓMO HAGO QUE TE ENTRE EN LA MOLLERA?
¡BUUB!
¡BUUB!
¡BUUB!
¡BUUB!
¡BUUB!
¡BUUB!
¡BUUB!
¡BUUB!
¡BUUB!
Mis poderes...
¡BUUB!

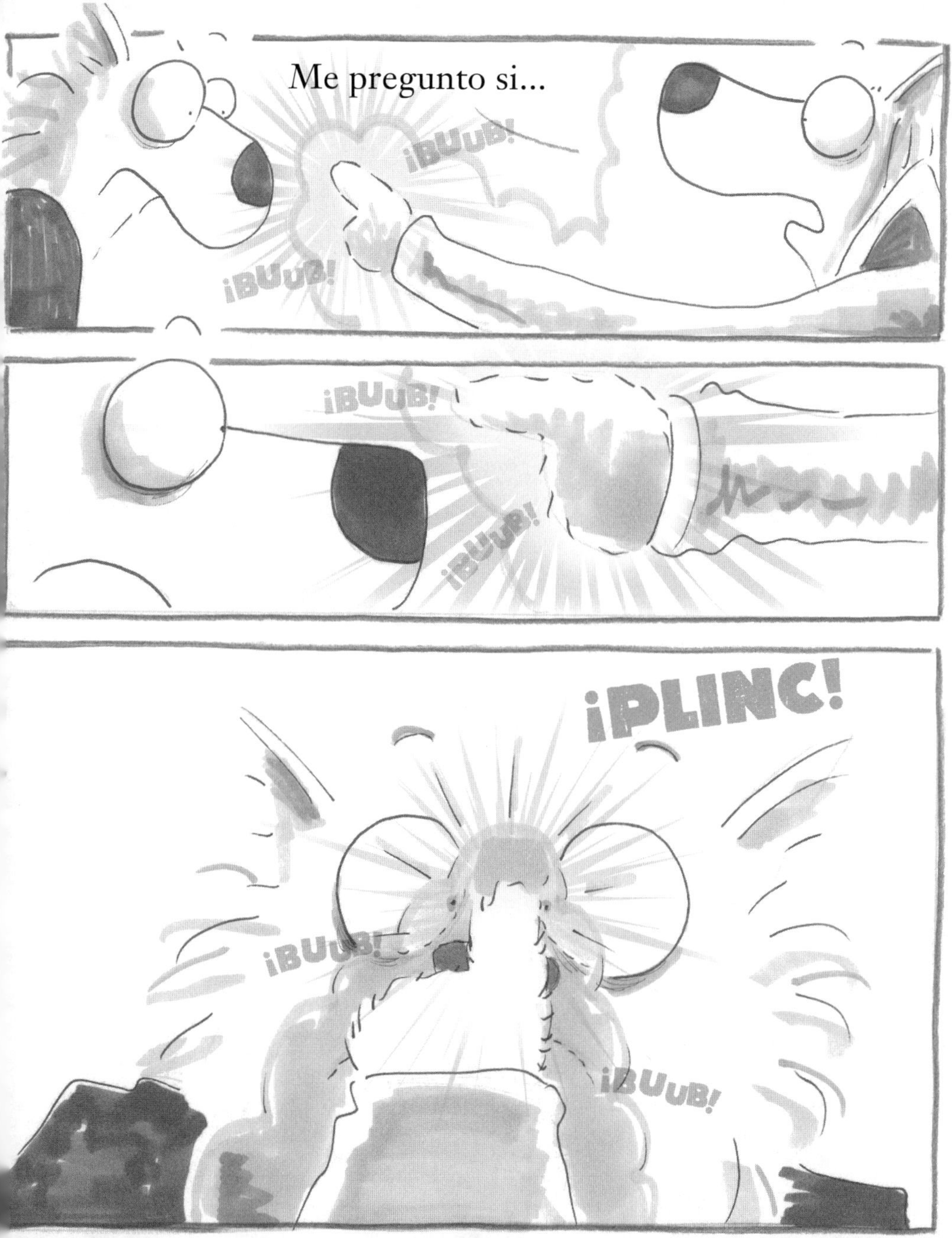
Me pregunto si...
¡BUUB!
¡BUUB!
¡BUUB!
¡BUUB!
¡PLINC!
¡BUUB!
¡BUUB!

¿Me crees ahora?

Sí.
Entonces, atiende:
cuando chasquee los dedos,
TE QUEDARÁS DORMIDO.
Y cuando despiertes,
no recordarás
NADA DE ESTO.
Pero sí sabrás
UNA COSA:

TIENES QUE SER UN BUENAZO.
Tengo que ser un buenazo...

Buena suerte, colega. Pensaré en ti.
Cuando cuente hasta tres...
UNO...
DOS...
TRES.
¡CHAS!

• CAPÍTULO 7 •

CARÁCTER REFORMADO

¡BLEURGH!

¡Por favor, llévate el dinero y ya está! ¡No queremos problemas!
¡¿Ein?!
No… uh…

Ahora soy
BUENO.
¿Qué has dicho?
Soy…

UN BUENAZO.
No soy un... ANIMALOTE.
Je, je...

Shirl
¡En serio!

Debo irme.
Tengo que…
¡FUNDAR UN CLUB!
¡EL CLUB DE LOS BUENAZOS!
Qué nombre tan feo…

INO,
NO ES
FEO!

Que tengáis un gran día.

• CAPÍTULO 8 •

HASTA SIEMPRE

¡Vaaaya! ¡Mira quién es!
Es mi buen amigo,
EL SR. SERPIENTE.
Te va a caer de rechupete.
Es un
TROZO DE PAN.

¿No tienes ratones?
¡HA FUNCIONADO!

Anda, pero si es
EL SR. PIRAÑA.

Jelou.

Bueno...,
¿Y AHORA QUÉ?
Venga, ¿dónde está la CARNE?
Pues..., el Multiverso es un lugar muy grande.

No me vendría mal un poco de ayuda para protegerlo.

Hay muchos ANIMALOTES ahí fuera...

TENGO
HAMBRE.
¿OS QUEDA ALGUNA FOCA?

Aprendiz, ¿eh?

Sip.
Y eso puede resultar **PELIGROSO,** ¿verdad?
Es posible.

¿Listo?
Sí.
VAMOS ALLÁ.

¡FLA

SH!!

¡Salgamos a hacer el bien!

¡CRASH!
¡BRUUM!

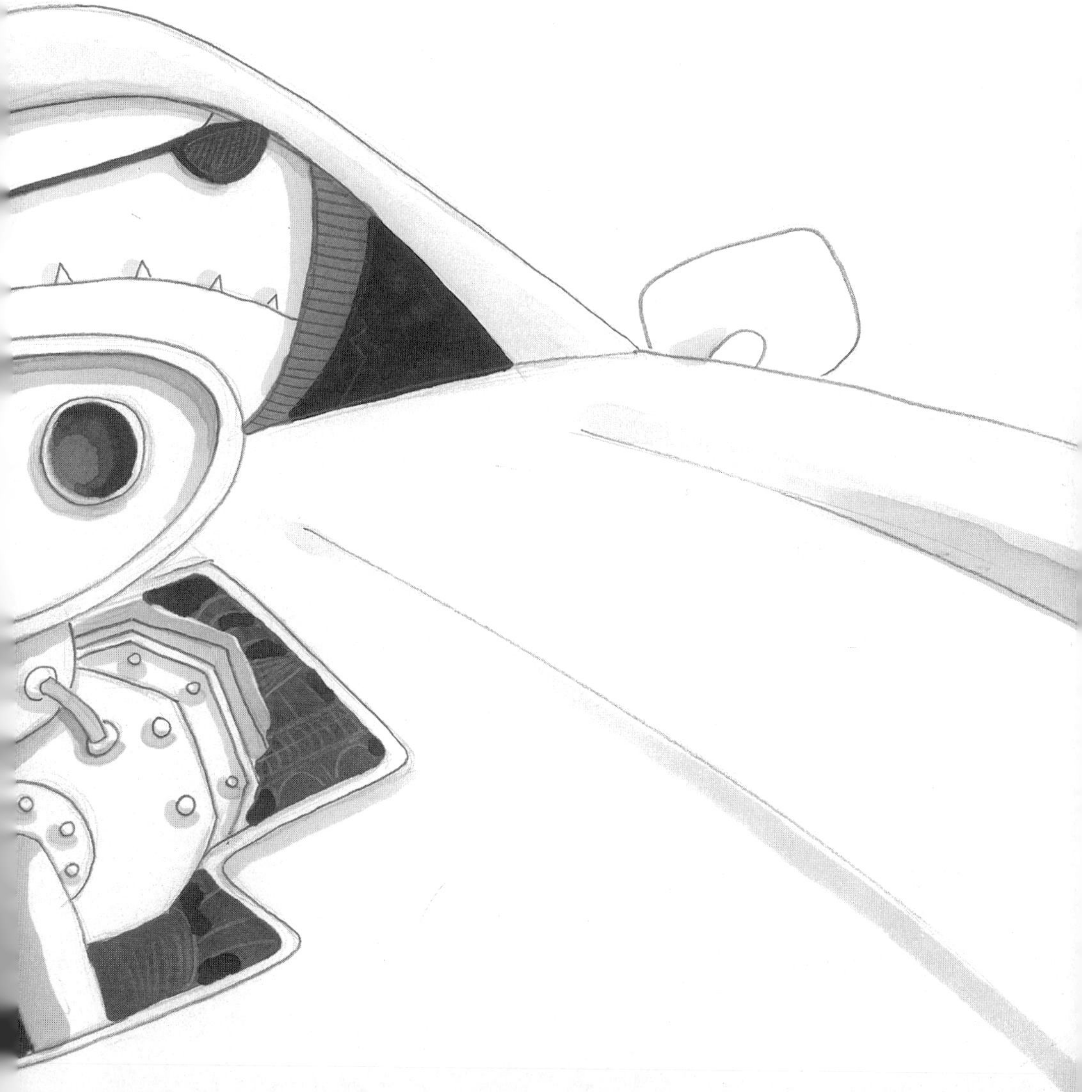

F

N.

¿SE AC
CON

¡¿Y qué pasa

Si esto fuera una saga, yo

y todo el mundo querría

saber qué ha

sido de **MÍÍÍ**

¡SOY UN TÍO INTERESANTE!

¡Y ENCANTADOR!

¡Y ESTOY BUENORRO!

¿EN QUÉ ESTABAN

PENSANDO?

ABÓ?

IIIGOOO?!

ería la ESTRELLA

íííííííííííí.

SI ESTO FUERA UNA SAGA, ESTE NO PUEDE SER EL FINAL...

PUES

sí.

A TODOS LOS FANS:
¡OS QUEREMOS!

LOS ANIMALOTES

(Y A. B.)

OTRAS MISIONES DE LOS ANIMALOTES

EPISODIOS 1 Y 2

EL COMIENZO

Y

MISIÓN IMPLUMABLE

EPISODIOS 3 Y 4

LA PELUSILLA CONTRAATACA

Y

EL ATAQUE DE LOS GATETES

EPISODIOS 5 Y 6

FOLLÓN INTERGALÁCTICO

Y

ALIENS CONTRA ANIMALOTES

EPISODIOS 7 Y 8

DESMADRE PREHISTÓRICO

Y

SUPERMALOTES

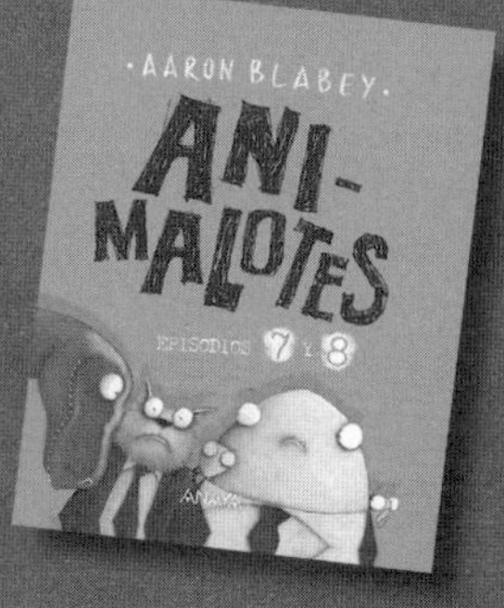

EPISODIOS 9 Y 10

EL LOBO FEROZ
Y UN DÍA MOVIDITO

EPISODIOS 11 Y 12

EL SEÑOR OSCURO
Y ¿LA ELEGIDA?

EPISODIOS 13 Y 14

LIADA PARDA
Y ¡ABEJAS MOSQUEADAS!

EPISODIOS 15 Y 16

ABRE LA BOCA Y DI: ¡ARRRGH!
Y ¡¿LOS OTROS?!

EPISODIOS 17 Y 18

EMPIEZA EL JUEGO
Y ¡MIRA QUIÉN HABLA!